Robert J. Nogosek

Das Jesus-Enneagramm

Robert J. Nogosek

Das Jesus-Enneagramm

Aus dem Amerikanischen übersetzt
und mit einer Einführung versehen
von
Bernardin Schellenberger

Herder

Freiburg · Basel · Wien

Titel der Originalausgabe
Nine Portraits of Jesus
Discovering Jesus through the Enneagram
© 1987 by Robert J. Nogosek, C. S. C.
Erschienen bei Dimension Books, Denville, New Jersey, USA

Umschlaggestaltung: Neil McBeath, Stuttgart
Umschlagmotiv: Fra Angelico „Die Verklärung"
Museo San Marco, Florenz

© Verlag Herder Freiburg im Breisgau 1996
Herstellung: Freiburger Graphische Betriebe 1996
Gedruckt auf umweltfreundlichem,
chlorfrei gebleichtem Papier
ISBN 3-451-23697-4

INHALT

EINFÜHRUNG

(von Bernardin Schellenberger)

Auch Leser, die sich nicht für das Enneagramm interessieren und mit ihm noch keine Bekanntschaft gemacht haben, sondern einfach die Gestalt Jesu Christi besser kennenlernen wollen, werden dieses Buch mit Gewinn lesen. Dennoch wird es hilfreich sein, einführend kurz das Enneagramm vorzustellen, um auf diese Weise rascher den Zugang zu der Methodik, die der Verfasser hier anwendet, zu gewinnen.

Beim Enneagramm (vom Griechischen *enneos* = neun und *gramma* = Wissenschaft, also wörtlich „Neuner-Wissenschaft") handelt es sich um eine Charakter-Typologie, die von neun Grundcharakteren ausgeht. Ihre Anfänge sollen bis weit in die Antike zurückreichen. In Deutschland ist diese Lehre, die seit einiger Zeit wiederentdeckt und aktualisiert worden ist, namentlich durch das Buch von Richard Rohr und Andreas Ebert, *DAS ENNEA-GRAMM. Die 9 Gesichter der Seele**, populär geworden und hat zu zahlreichen Publikationen und zur Gründung von Enneagramm-Arbeitskreisen und -gruppen geführt.

Menschen, die sich mit dem Enneagramm beschäftigen, lieben die Systematik, und man muß sich hüten, sie bis in alle Verästelungen ihrer Systematisierungsfreude

---

* Erschienen im Claudius-Verlag, München 1989; dazu der Folgeband: A. Ebert, R. Rohr u. a., Erfahrungen mit dem Enneagramm. Sich selbst und Gott begegnen, München 1991.

hinein ernst zu nehmen. Man sollte das Ganze eher als geistreiches Spiel angehen, das dann tatsächlich überraschende Einsichten für die Selbsterkenntnis bieten kann. Im System des Enneagramms werden die neun Charaktertypen im Uhrzeigersinn angeordnet, so daß also die Neun den Kreis zur Eins hin schließt. Benachbarte Typen sind eng verwandt, und jeder Typ hat – so die Theorie – eine Tendenz zum rechten und linken Nachbarn, also zum Beispiel hat die Vier Züge der Drei und der Fünf. Begeisterte Enneagramm-Anhänger stellen sich gegenseitig mit ihrer Charakter-Zahl vor: „Gestatten, ich bin ein Fünfer! Und Sie? – Interessant, ein Achter!", und sofort kann das angeregte Insider-Gespräch beginnen. Das zeigt die Gefahr und die Grenzen der Lehre vom Enneagramm: Man kann sich selbst auf seinen Charaktertyp fixieren und damit geradezu kokettieren. Statt sich nüchtern besser zu erkennen und an sich zu arbeiten, unterstellt man, auf seinen Typ unabänderlich prädestiniert zu sein, oder man stilisiert sich in ihn hinein. Dafür ist das Enneagramm nicht gedacht, im Gegenteil: Es soll vielmehr bestimmte „Wurzelsünden" der einzelnen Charaktertypen entlarven helfen und will gerade so dazu beitragen, bewußt an einer Abkehr von diesen „Sünden" zu arbeiten.

Um das bisher Gesagte konkreter zu veranschaulichen, seien die neun Typen vorgestellt, wie sie Rohr/Ebert beschreiben. Hier wird nur auf das Notwendigste zusammengefaßt, was bei ihnen sehr lebendig, ausführlich und streckenweise amüsant entfaltet wird. Charakteristisch ist, daß sie zunächst jeden Typus anhand seiner Wurzelsünde definieren und von dieser ausgehend beschreiben, worin die „Erlösung" für den jeweiligen Typ liegen würde.

Werner Tiki Küstenmacher hat in einer Karikaturenreihe* spaßig und zugleich treffend festgehalten, was je-

---

* Im zuletzt genannten Buch S. 260 f.

der der neun Typen jeweils auf die Frage antworten würde, warum er die Bibel lese. Die Antworten seien hier am Schluß jeder Charakterisierung zitiert, um den spielerisch-amüsanten Charakter des Unternehmens nicht zu vernachlässigen.

EINS
Die Wurzelsünde ist der Zorn.

Die Eins ist ein Perfektionist. Sie kann sich schwer vorstellen, daß Unvollkommenes und Gebrochenes Liebe verdient. Von der Realität wird sie fortwährend enttäuscht, was in ihr Wut und Zorn weckt. Dieser Zorn wiederum mobilisiert eine Menge aggressiver Energie zur Weltverbesserung, die wie Idealismus oder Eifer wirkt. In ihrem Ärger fällt die Eins rasch Urteile. Ihren Unmut verkleidet sie im Anspruch, die „Wahrheit" ans Licht zu bringen oder „Gerechtigkeit" zu schaffen. Da sie sich verpflichtet fühlt, ein Musterkind zu sein, tut sie sich schwer, diese unvollkommene Regung zuzugeben.

Die Eins muß ihre wahren Gefühle erst entdecken. Das fällt ihr schwer, weil sie alles mit „objektiven" Sachverhalten, Geboten und Verboten überlagert und unterdrückt. Sie muß aufhören, moralische Urteile zu fällen. Wenn sie es lernt, Dinge sein zu lassen, wie sie sind, gelangt sie zu einer wunderbaren heiteren Gelassenheit. Eine erlöste Eins hat einen ausgesprochenen Sinn für Harmonie und Ausgewogenheit.

„Ich lese die Bibel, weil es an ihr fast nichts zu verbessern gibt."

ZWEI
Die Wurzelsünde ist der Stolz.

Zweier sind die Liebenden, die Diener und Helferinnen der Welt. Die Zwei fühlt sich als „die Liebe in Person"; sie

9

verbringt ihr Leben damit, um Liebe zu ringen und versichert sich ständig der Zuneigung anderer. Dabei bemerkt sie selbst nicht, wieviel Druck und Schuldgefühle sie vermittelt. Zutiefst ist sie liebes- und zuwendungsbedürftig, schämt sich aber dieser Schwäche. Erfährt sie nicht genügend Zuwendung, so belohnt sie sich selbst – etwa mit Süßigkeiten. Infolge ihrer Schwäche ist sie höchst manipulierbar. Wer sagt: „Ich brauche dich!" kann sie hemmungslos ausnützen.

Die Zwei muß lernen, ihre übertriebene Bedürftigkeit zu erkennen und sich von ihr zu lösen. Sie muß in Demut ihre Unfähigkeit zu echter Liebe anerkennen. Wenn sie ihre Gefühls- und Beziehungswelt läutert, wird sie überaus liebesfähig.

„Ich lese die Bibel, nachdem ich sie schon 20mal verschenkt habe."

DREI
Die Wurzelsünde ist die Lüge.

Die Drei bezieht ihr Selbstwertgefühl allein aus Erfolgserlebnissen. Sie will um ihrer Leistungen willen anerkannt werden, weil sie nicht glauben kann, daß sie um ihrer selbst willen geliebt wird. Ihre Erfolge geben ihr die Gewißheit: „Ich bin wertvoll und gut!" Sehr schwer fällt es ihr, Versagen oder Scheitern zu erleben. Selbst wenn ihr objektiv etwas mißlingt, muß sie das gescheiterte Projekt noch in einen Erfolg umdeuten. Sie ist in der Versuchung, mehr zu scheinen als zu sein. Eine Drei schauspielert und „verkauft" sich gut. Im schlimmsten Stadium ist sie hohl und oberflächlich. In der Regel ändert sich eine Drei nur grundlegend infolge einer Krankheit oder eines Zusammenbruchs, der nicht mehr schönzureden ist.

Die Drei muß sich deshalb um Tiefgang bemühen. Sie muß ermutigt werden, nach innen zu gehen, wo es kein schmeichelhaftes Feedback gibt, um einfach zu sein, was sie ist. Wenn eine Drei ihren Selbstbetrug einsieht, lernt sie mehr als alle anderen, Wahrheit und Integrität zu lieben. Dann ist sie von ganzem Herzen aufrichtig.

„Ich lese die Bibel, weil ich Vorstandsvorsitzender des Deutschen Bibelwerks werden will."

VIER
Die Wurzelsünde ist der Neid.

Die Vier ist von tiefer Sehnsucht umgetrieben nach etwas, das schöner ist als das, was gerade ist. Die Gegenwart scheint ihr immer irgendwie häßlich. So entwickelt die Vier eine unglaublich blühende Phantasie, um eine schöne Welt zu gestalten. Wenn ihr die Außenwelt zu häßlich wird, flieht sie in Dramen, Gedichte, Musik und tiefe Gefühle. Symbole und Gleichnisse sind für sie aufregender als die Wirklichkeit. Auf Außenstehende wirkt sie eher depressiv, unausgeglichen oder gar sehr egozentrisch. Sie muß sich in ihre eigene Phantasiewelt zurückziehen, um Energie zu schöpfen. Wer nicht in ihre Welt hineinpaßt, langweilt sie. Die Vier genießt es, etwas Besonderes zu sein.

Der Weg der Vier zur Erlösung fängt an, wenn sie es lernt, ihre Kreativität zu nutzen, um das Besondere in anderen Menschen zu sehen und herauszulocken. Das befreit sie aus ihrer Selbstzentriertheit. Erlöste Vierer hören auf, mit ihren Gefühlen herumzuspielen und fangen an, wirklich zu fühlen. Sie wachsen über ihre Selbstverliebtheit hinaus. Dann haben sie viel mitzuteilen, denn sie verfügen über eine Sensibilität, die vielen anderen Menschen abgeht.

„Ich lese die Bibel, weil sie so kunstvoll von den alten Zeiten berichtet."

FÜNF
Die Wurzelsünde ist die Habsucht.

Die Fünf empfindet eine tiefe Leere, einen bodenlosen Abgrund, der gefüllt werden möchte. Sie versucht, diesen mit Hilfe des Verstandes zu schließen. Sie findet Sicherheit durch Verstehen und durch Erklärungen. Situationen nimmt sie zunächst mit dem Kopf auf; ihre Gefühle registriert sie erst viel später – wenn überhaupt. Für Fünfer, die immer im Kopf bleiben, wird der Verstand zur Zensurbehörde, die diejenigen Informationen zuläßt, die in ihre eigene Logik passen. Die Fünf sammelt ihre Energie durch die Augen; oft tragen Fünfer schon früh eine Brille. Das Sammeln wird ihr gern zur Leidenschaft. Typisch für sie ist, daß sie Abstand hält. Fünfer sind geneigt, sich in ihre Höhle zurückzuziehen und sich mit dem zu beschäftigen, was sie gesammelt haben. Sie können dabei sehr weltfremd und verschroben werden.

Die Fünf muß das System ihres eigenen Denkens aufsprengen, sonst kann sie sehr eng, ja rigid und im schlechten Sinn konservativ werden. Wenn sie es fertigbringt, ihre Gefühle zu aktivieren – indem sie sich z. B. verliebt –, kann sie zu erstaunlicher Ausgewogenheit und Weisheit finden.

„Ich lese die Bibel, weil sie eine Fülle von Einsichten bietet."

SECHS
Die Wurzelsünde ist die Furcht.

Die Sechs ist ein sehr unsicherer, ängstlicher Typ. Sie hat kein Selbstvertrauen, weshalb sie nach einer Autorität sucht, an die sie sich hängen kann. Sie läßt lieber für sich denken, als selbst zu denken. Man muß sie ständig zu mehr Selbstvertrauen und Selbständigkeit ermutigen. Sechser sind loyale Diener und Dienerinnen der Sache, an die sie glauben. Sie fordern keine besondere Anerken-

nung, haben keinen Ehrgeiz. Sie sind die idealen Unter-
gebenen und halten alle Institutionen zusammen. Darum
kann man Sechser leicht ausnützen. Machtmenschen bedienen sich ihrer gerne als nützliche Idioten.

Die Sechs muß etwas finden, das Treue und Loyalität
verdient. Eine erlöste Sechs ist der zuverlässigste und
treueste Freund.

„Ich lese die Bibel, weil das jeder bekennende Christ tun sollte."

SIEBEN
Die Wurzelsünde ist die Unmäßigkeit.

Die Sieben plant den ganzen Tag, sorgt immer für Kom-
mendes vor. Dahinter steckt ihre Angst vor der dunklen
und traurigen Seite der Wirklichkeit, ihre Angst vor
Schmerz. Sie erlaubt sich nicht, wirklich den Schmerz zu
fühlen; selbst wenn sie weinen müßte, lacht sie noch
durch die Tränen hindurch, flüchtet also in falsche Freude
und Heiterkeit. Siebener werden in gewisser Weise nie erwachsen. Sie fühlen sich unter Jugendlichen wohler als
unter Erwachsenen.

Die Sieben muß es lernen, dem Schmerz ins Auge zu
sehen und daran zu reifen. Wenn ihr das gelingt, stößt sie
zu besonders tiefer, erlöster Freude vor.

*„Ich lese die Bibel, weil sie in so irre vielen Ausgaben erhältlich
ist."*

ACHT
Die Wurzelsünde ist die Schamlosigkeit.

Die Acht gibt sich häufig überlebensgroß. Sie macht sich
überall bemerkbar und übt Einfluß aus. Sie kommt dröh-
nend ins Zimmer, so daß man weiß, daß sie da ist. Sie ist
oft lauter und stärker als alle andern. Sie weiß darum,
und es gefällt ihr. Sie holt sich ihre Energie dadurch, daß

sie ihre Kraft erlebt. Achter sind anstrengend. Alles, was sie tun, übertreiben sie. Sie begegnen der Wirklichkeit konfrontativ. Ihre Annäherungsversuche an andere Menschen bestehen darin, daß sie Streit anfangen. Im Innersten sind Achter oft traurig und fragen sich: „Warum kann mich keiner leiden?" Ihr Selbstbild ist: „Ich bin schlimm!" Die Braven sind für Achter Feiglinge und Duckmäuser. Die Acht hat von Haus aus einen Blick für Gerechtigkeit. Sie sieht die Dummheit und Ungerechtigkeit der Welt und liebt es, ihr die Maske vom Gesicht zu reißen. Wenn man schwach und verwundbar zu ihr kommt, kümmert sie sich mit Leidenschaft um einen.

Die Acht muß ihre zerstörerische Leidenschaft durchbrechen, um zu einer lebenschaffenden Leidenschaft zu gelangen. Dann ist sie großartig in dem, was sie fertigbringt.

„Ich lese die Bibel, weil man mir das verbieten wollte."

NEUN
Die Wurzelsünde ist die Faulheit.

Die Neun tut sich schwer, ein klares Ziel zu finden und zu verfolgen. Sie ist überall und nirgends. Nichts findet sie wirklich wichtig. Selbst wenn objektiv ein Problem vorliegt, weigert sie sich, es zu sehen. Sie weiß einfach nicht, wie sie ihre Energie bündeln soll. Neuner sind oft äußerst aktiv bei einer Reihe von Hobbys und Tätigkeiten. Aber wenn man genau hinsieht, merkt man, daß viele dieser Aktivitäten ziemlich bedeutungslos sind und daß sie in keine übermäßig viel Energie stecken. Neuner sind besonders suchtgefährdet. Sie sind antriebsarm und sich nicht sicher, ob sie überhaupt irgendwo hin wollen. Andererseits sind Neuner unkompliziert. Ihre Absichten sind ganz klar und durchschaubar. Wenn sie eine Entscheidung fällen, stehen sie dazu, was es auch kostet.

Wenn die Neun es schafft, ihre Energie zu bündeln, kann sie sehr viel bewirken, denn Diplomatie ist ihre Sache. Mitten in einem Gespräch, das so dahinplätschert, kann sie plötzlich etwas sagen, das eine ganz große Wahrheit enthält und zutiefst überzeugt. Weil sie so nett und vertrauenswürdig ist und man im Gespräch mit ihr große Offenheit entwickelt, kann sie gelegentlich mitten ins Herz treffen.

„Ich lese die Bibel, weil ich vor Langeweile sonst umkomme."

Diese knappe Charakterisierung der Idee und der Typen des Enneagramms soll hier genügen. Robert J. Nogosek wird im folgenden ausführlich illustrieren, wie sich damit die Gestalt Jesu erschließen läßt und wir ihn und uns selbst besser zu erkennen vermögen.

Eine weitere Vorbemerkung drängte sich während des Übersetzens immer stärker auf. Sie bezieht sich auf den Umgang des Autors mit den Evangelien. Von historisch-kritischem Bewußtsein im Umgang mit biblischen Texten ist bei ihm nichts zu bemerken. Robert Nogosek liest die biblischen Berichte wie moderne Reportagen, also als Beschreibungen des historischen Jesus; folglich kann er aus jeder Episode des Neuen Testaments Schlüsse auf Charakter und Psyche Jesu ziehen.

Ein derart naiver Umgang mit den Texten weckt ein gewisses Unbehagen, ist doch heute unumstritten, daß es sich bei den Evangelien um kunstvoll stilisierte Geschichten handelt, mit denen die Verfasser etliche Jahrzehnte nach dem Tod Jesu Aussagen über seine Persönlichkeit und seine Bedeutung machen wollten. Um den historischen Jesus kristallisierten sich also zum Teil erdichtete Erzählungen oder umgearbeitete Erinnerungen, mit denen etwas Wesentliches über ihn ausgesagt werden sollte. Solche Geschichten eignen sich folglich eigentlich nicht als Material zur Analyse der Psyche des historischen Jesus. Genau genommen können wir anhand der vorliegenden Texte nicht auf die Psyche Jesu schließen, sondern nur auf die Züge der Jesusgestalt, wie sie der jeweilige Autor zeichnet. Statt wie Nogosek zu sagen: „Jesus hat das und das getan, Jesus hat das und das gedacht, empfunden" usw., müßte man korrekterweise sagen: „Der Evangelist N. läßt Jesus hier das und das tun, denken, empfinden", und man kann daraus streng genommen nur auf das Jesus-Bild des betreffenden Evangelisten (und dessen Psyche) schließen, und nicht auf den historischen Jesus, zumal die vier Evangelisten unterschiedliche Jesus-Bilder zeichnen, die eine glatte Harmonisierung verbieten.

Der Verfasser des vorliegenden Buches schildert uns also nicht präzis den historischen Jesus, sondern er entwirft mit einiger Subjektivität (die unvermeidlich ist) anhand dieser überlieferten Jesus-Bilder sein eigenes ideales Jesus-Bild. Wenn Nogosek also naiv die Psyche des historischen Jesus schildert, muß man sich darum immer wieder klar machen, daß er tatsächlich von der Psyche der Jesusgestalt, wie sie die Evangelisten zeichnen, spricht, ja, ganz genau genommen von der Psyche der von ihm selbst entworfenen Jesusgestalt.

Ist man sich dessen bewußt, vergegenwärtigt man sich also die methodischen Voraussetzungen, mit denen Robert Nogosek seine Betrachtungen unausgesprochen hinterstellt hat, dann erst wird man den Zugang, den sie uns zur Persönlichkeit Jesu und zu unserer eigenen Persönlichkeit erschließen wollen, richtig und frei von Mißverständnissen ermessen können. Offen müssen wir dabei lassen, wie weit sich historischer Jesus, überlieferte Jesusgestalt und die Jesus-Interpretation des Autors decken. Zu glauben, daß dies im großen ganzen der Fall ist, ist je-

16

doch – wenn auch vielleicht nicht im wissenschaftlichen, so doch im Sinne einer geistlich-spirituellen Interpretation – legitim. Trotzdem muß uns bewußt bleiben, daß uns der historische Jesus direkt nicht zugänglich ist und wir uns letztlich nur nach der Gestalt ausrichten können, die uns die nächsten Zeugen von ihm gezeichnet haben. Das ist Anregung und Aufgabe genug.

Bernardin Schellenberger

VORWORT

In die Spiritualität des Enneagramms bin ich durch einige Seminare von P. Pat O'Leary SJ und Sr. Maria Beesing OP vom Exerzitienhaus der Jesuiten in Cleveland, Ohio, eingeführt worden. Beim ersten dieser Seminare im Benedictine Center in Beech Grove, Indiana, weckte eine Bemerkung von P. Pat mein Interesse dafür, Jesus mit Hilfe des Enneagramms besser kennenzulernen. P. Pat bemerkte, das Enneagramm beruhe auf der Unterscheidung von neun Typen von Fehlhaltungen bzw. Sünden, und da Jesus ohne Sünde sei, müßten in seiner Persönlichkeit, wie sie die Evangelisten zeichnen, alle neun Aspekte in Idealform vorgestellt werden. Das weckte in mir spontan den Entschluß, mir im Licht des Enneagramms die Evangelien genauer vorzunehmen und zu untersuchen, ob das tatsächlich der Fall ist.

Das erste Ergebnis meiner Untersuchung wurde 1983 als Privatdruck vom Benedictine Center in Beech Grove, Indiana, publiziert; es war als Anleitung für die Arbeit in kleinen Gesprächsgruppen gedacht und trug den Titel „Reflections on Gospel Values". Im wesentlichen dasselbe Material wurde zum 2. Kapitel mit der Überschrift „The Enneagramic Jesus" in dem Buch *The Enneagram: A Journey of Self Discovery*, das ich 1984 zusammen mit Patrick H. O'Leary SJ und Maria Beesing OP bei Dimension Books, Inc. veröffentlichte.

In der Zwischenzeit hatte ich von diesem Material ausführlich in einer Reihe von Exerzitienpredigten mit dem Titel „Die neun Gesichter Jesu" Gebrauch gemacht. Ich machte mit diesen Predigten und in den durch sie angeregten Gesprächen mit Hunderten von Teilnehmern immer mehr die Erfahrung, daß es ungemein fruchtbar war, vom Enneagramm her die Gestalt Jesu zu erschließen. Tom Coffey, der Herausgeber der Dimension Books, ermutigte mich schließlich, den Text dieser Exerzitienpredigten in Buchform zu veröffentlichen.

Da also dieses Buch aus Exerzitienpredigten erwachsen ist, finden sich in ihm auch eine Reihe von praktischen Hinweisen. Am Schluß jedes Kapitels nenne ich drei Schriftstellen für die persönliche Meditation und formuliere jeweils einige Fragen, die das Gespräch in Kleingruppen anregen sollen. Schließlich folgen am Schluß des ganzen Buches eine Reihe von konkreten Vorschlägen, wie die vorgetragene Thematik in Kleingruppen, die sich alle zwei, drei Wochen einmal treffen, für das persönliche und spirituelle Wachstum vertieft und fruchtbar gemacht werden könnte.

Zu besonderem Dank bin ich Suzanne Brown, Sr. Anton Marie Vissem S. S. N. D. und Dr. J. Maayngbaerde verpflichtet; alle drei haben das Manuskript sorgfältig durchgesehen und mir wertvolle Anregungen gegeben, damit die Darstellung noch ansprechender wird.

Robert Nogosek CSC

HINFÜHRUNGEN

JESUS MIT HILFE DES ENNEAGRAMMS ENTDECKEN

Zu allen Zeiten war es für die Christen eine erstaunliche Vorstellung, daß der Sohn Gottes Mensch geworden sein und zu einer bestimmten Zeit der überlieferten Geschichte in einer bestimmten Gegend dieser Erde gelebt haben soll. Wenn man das Land durchwandert, in dem er als Mensch geweilt hat, kann man nicht nur die Berge und die Gewässer sehen, die auch er vor Augen hatte, sondern kann noch einige der gleichen Wege gehen, die er schon beschritten hat, ja man stößt vielleicht sogar an den selben Stein, den er schon berührt hat. Dieser selbe Sohn Gottes, vereint mit seinem Vater im Heiligen Geist, hat jedoch auch vor unvordenklichen Zeiten das Universum erschaffen. Angesichts der Milliarden von Milchstraßen, die der Mensch staunend entdeckt hat, erscheint es unfaßbar, daß ihr Schöpfer sich selbst in einem Menschen namens Jesus persönlich offenbart haben soll. Aber so glauben wir es. Ist schon all das unfaßlich, was sich unseren Augen und wissenschaftlichen Instrumenten darbietet, und ist es kaum zu fassen, welche Gesetze das Werden und die Ordnung der Planetenwirbel bestimmen, so stehen wir erst recht fassungslos vor der Entdeckung, daß ihr Urheber an uns derart interessiert ist, daß er selbst ein Menschenwesen geworden ist. Jesus selbst hat gesagt: „Ihr seid Götter" (Johannes 10,34), denn Gott als unser immerwährender Freund hat uns auf seine Ebene gehoben, und wir sind berufen, als seine Adoptivsöhne und -töchter unseren Weg mit seinem Sohn Jesus zu gehen.

Derartige Überlegungen sind allerdings zum Hindernis dafür geworden, die Psychologie Jesu und seine Gefühle, Einstellungen und Motive genauer zu betrachten. Große Theologen wie Thomas von Aquin haben vermutet, Jesus habe während seines Erdenlebens das Menschsein sehr viel anders als wir erfahren, und zwar infolge dessen, was als die „hypostatische Union" bezeichnet wird, nämlich infolge der Einheit der menschlichen Natur Jesu mit der einen göttlichen Person des Sohnes Gottes. Mit Begriffen und Formulierungen wie „Inkarnation", „Annahme einer menschlichen Natur" und „eine göttliche Person in zwei Naturen" stellte die Theologie Jesus allzusehr außerhalb unserer eigenen Erfahrungen des Menschseins und Lebens. Thomas von Aquin kam sogar zu dem Schluß, während seines Erdendaseins habe sich Jesus in seiner Seele der ständigen Schau Gottes erfreut, also bereits aus jener Erfahrung gelebt, die unsere ewige Freude im Himmel ausmachen wird*.

In unserer Zeit haben Theologen versucht, solche Lehren neu zu überdenken und sind zum Schluß gekommen, die Konsequenz der Inkarnation, also der Fleisch- und Menschwerdung Gottes müsse sein, daß Jesus sich innerlich genau auf die gleiche Weise wie wir als Mensch erfahren habe. Statt sein Gottsein in sein Menschsein „hineinzulesen", sollten wir darum lieber von seinem Menschsein sein Gottsein „ablesen". Es wird ein falscher Ansatz sein, zunächst allgemeine Aussagen über Gott zu sammeln wie etwa, er sei allwissend und vollkommen, und daraus zu schließen, das müsse auch auf Jesus zutreffen; richtiger wird es sein, wenn wir aus der Verhaltensweise

---

* Summa Theologiae III a, Q. 9 Art. 2.

des irdischen Jesus Schlüsse auf die Eigenart Gottes zu ziehen versuchen.

Das heißt dann, daß wir, um Gott kennenzulernen, den menschlichen Charakter Jesu gründlich kennenlernen müssen. Konzentrierter und unverfälschter als alle anderen Menschen verfügt Jesus über eine Ebenbildlichkeit mit Gott. Er ist kein Gott, der sich das Menschsein wie ein paar Kleider angezogen hat, sondern er hat das Menschsein an sich in Höchstform zur Offenbarung dessen gebracht, was Gott ist.

Dieses Menschsein an sich zeigt sich vor allem in dem, was wir als *Persönlichkeit* bezeichnen. Gott offenbart sich nicht in erster Linie durch die Augen und Hände und Füße und alle anderen sichtbaren Körperteile Jesu, sondern durch seine Gefühle, sein Verständnis, seine Tugenden und eine Vielzahl anderer sichtbarer Zeichen seiner Einstellung und seines Verhaltens.

Was wir von Jesus über Gott lernen, ist vor allem: in vielem ist Gott wie wir. Uns geht seine erhabene Größe ab, jedoch die Heilige Schrift sagt, auch Jesus habe diese abgelegt und habe die Gestalt eines Sklaven angenommen (Philipper 2,6f.). Er hätte sich uns sonst nicht als Freund nahen können, sondern seine Größe hätte uns erschlagen. Denn jede herzliche wechselseitige Liebe setzt voraus, daß zwei Gleichrangige eine enge Beziehung zueinander finden. Wenn wir ihn als Mensch und Person genauer kennenlernen, können wir ihn auch besser als Freund lieben; und genau das will er ja auch selbst (vgl. Johannes 15,15).

Jesus kommt zu uns vor allem als *Erlöser*. Damit ist mehr gemeint, als daß wir ihn nur kennen und von ihm einiges erfahren sollen, das er uns über Gott offenbart. Gottes Selbstoffenbarung ist nicht identisch mit dem, was wir als Erlösung durch Gott bezeichnen. Die Offenbarung wendet sich an unser Auffassungsvermögen, die Erlösung hingegen betrifft unser gesamtes Sein. Ich kann im Wasser zappeln, voller Angst vor dem Ertrinken sein und dann jemanden am Ufer sehen, der bereit ist, mich unter Einsatz seines Lebens zu retten; aber diese Wahrnehmung, daß da drüben ein Retter steht, zieht mich noch lange nicht aus dem Wasser. Genauso hilft es uns noch nicht viel, etliches über Gott zu erfahren, und namentlich, daß er uns im menschgewordenen Jesus liebt. Erst wenn er uns wirklich packt und herauszieht, erfahren wir die Erlösung. Darauf zielten im wesentlichen die frühen christlichen Schriftsteller, wenn sie sagten, nur das an uns werde gerettet, was der Sohn Gottes in sein Menschsein aufnehme. * Mit anderen Worten: Wir können nur in dem Maß erlöst werden, in dem unser Menschsein dem Menschsein Jesu entspricht. Alles, was wir haben, muß er haben, um es zu erlösen.

Ich bin der Auffassung, daß die Persönlichkeitsanalyse mittels des Enneagramms ganz neues Licht darauf wirft, was Jesus in seiner Menschennatur angenommen und dadurch in uns erlöst hat. Das System des Enneagramms zeigt neun Ausdrucksformen dessen auf, was Menschsein ist. Da Jesus gekommen ist, uns alle zu erlösen, indem er wurde wie wir alle, müßte jede und jeder von uns in der Lage sein, sich in ihm mit seiner oder ihrer ganz persönlichen Eigenart als Mensch wiederzufinden.

Allerdings stoßen wir uns da sogleich an dem Umstand, daß alle neun Menschentypen des Enneagramms durch spezifische „Sünden" charakterisiert werden, welche wir strategisch einsetzen, um unsere spezifische Schwäche zu verteidigen. Wir aber haben im Religions-

---

* Bei Johannes Damascenus (ca. 675–749) z. B. heißt es: „Hätte er etwas von mir nicht angenommen, so würde das nicht erlöst" (De fide orthodoxa, Buch 2, 1).

unterricht gelernt, Jesus sei ganz ohne Sünde gewesen, und zwar zunächst in dem Sinn, daß er nie etwas Falsches gemacht habe. Er selbst hat ja gesagt: „Wer von euch kann mir eine Sünde nachweisen?" (Johannes 8,46). Außerdem ist die christliche Theologie zu dem Schluß gekommen, Jesus sei frei von der Erbsünde gewesen und folglich von dem, was die Theologen als „Konkupiszenz" bezeichnen. Damit ist jene Neigung zur Sünde gemeint, die wir in unserer Natur entdecken. Da nun Jesus keine Sünde begangen und keinerlei „Konkupiszenz" empfunden hat, ergibt sich der Schluß, er habe auch keine „Schwächen" im Sinn des Enneagramms gehabt. Und weil die neun Typen sich durch spezifische Schwächen auszeichnen, können wir weiter schließen, in seiner Persönlichkeit habe er spontan alle neun Typen verwirklicht. Jeder Typ stellt eine spezifische Weise des Menschseins dar. Alle neun zusammen sind der vollkommene Ausdruck des Menschseins. Jesus konnte dieses rundum erfüllte, reife Menschenwesen sein. Ja, *er war der erste, der voll und ganz Mensch war.*

Methode und Ziel dieser Untersuchung

Allerdings ist es ein Unterschied, ob man nur darüber *theoretisiert*, daß die Persönlichkeit Jesu alle neun Typen darstellt, oder ob man *nachweist*, daß Jesus tatsächlich von denen, die ihn gekannt haben, auf diese Weise erfahren wurde. Um nun diesen „Nachweis" zu erbringen, habe ich mir nacheinander jeden einzelnen der neun Typen des Enneagramms vorgenommen und mir zu jedem die folgenden drei Fragen gestellt:

1. Wie kommen bei Jesus die Begabungen dieses Typus zum Ausdruck?

2. Worin besteht die Schwäche bzw. „Falle" dieses Typus, die Jesus, da sündenlos, vermeiden mußte?
3. Wie hat er tatsächlich diese Schwäche vermieden? (Hierzu habe ich seine Motivation zu erschließen versucht sowie seine Lehre berücksichtigt, weil ich davon ausgehe, daß seine Lehre der Ausfluß seines tatsächlichen Lebens und Verhaltens war.)

Für mich war diese Untersuchungsmethode ungemein fruchtbar. Sie hat nicht nur mein *affektives Wissen* von Jesus, wie ihn die Evangelien darstellen, bereichert, sondern hat mir auch geholfen, die *besondere Gnade* jedes der neun Typen besser sehen und schätzen zu lernen.

Mich hatte die Frage beschäftigt, wie sich wohl auf manche Menschen der Umstand auswirkt, daß das System des Enneagramms zunächst vom *Negativen* ausgeht. Einer meiner Freunde von Holy Cross sagte mir, ihn habe die Entdeckung, welcher Enneagramm-Typ er sei, ziemlich entmutigt, denn, so meinte er, „dir wird klar, daß du darauf festgenagelt bist". Tatsächlich: einmal Fünfer, immer Fünfer – und er war tatsächlich ein Fünfer, wie ich selbst auch. Man kann zwar hoffen, daß man von einem bestimmten Zeitpunkt an nicht mehr „getrieben", sondern „erlöst" ist, doch man weiß, daß man grundsätzlich der betreffenden Schwäche verhaftet bleibt. Schließlich sagt man sich vielleicht: „Ich wünschte, ich wäre nicht so, wie ich bin" – was jenem gesunden Selbstwertgefühl widerspricht, zu dem wir als von Gott angenommene Söhne und Töchter doch berufen sind. Schließlich liebt uns Gott genau so, wie wir sind. Das muß man auch erfahren können, und dazu bedarf es der Überzeugung, daß man grundsätzlich ein guter und liebenswerter Mensch ist, den Gott mag. Theologisch formulieren wir das so, daß wir sagen, wir seien in unserem Personsein von Gott erwählt und begnadet.

Wenn mir nun aufgeht, daß Jesus in seinem eigenen Personsein *meinen eigenen Typ* verkörpert hat, komme ich mit dieser meiner Eigenart viel besser zurecht, trotz ihrer negativen Seiten. Zudem hilft mir diese Erkenntnis, klarer zu sehen, wie ich ganz persönlich sein Jünger werden kann, weil ich jetzt weiß, daß ich mit meinem Leben meiner ZAHL die Ausprägung geben soll, die ich bei Jesus sehen kann. Wenn ich genau erkenne, wo Jesus mit seinem Verhalten die Fallen meines Enneagramm-Typs überwunden oder vermieden hat, wird mir auch klarer, was die Botschaft des Evangeliums ganz konkret für meine eigene Erlösung bedeutet. Zudem heißt das: Wenn man sein Menschsein in Form eines der neun Typen des Enneagramms ausprägt, spiegelt man tatsächlich ein Stück der Persönlichkeit Jesu selbst wider.

Im Verlauf der folgenden Meditationen über Jesus will ich so weit wie möglich die Fachausdrücke der Enneagramm-Systematik beiseite lassen; ich will versuchen, uns direkt auf die Evangelien zu konzentrieren, um, von ihnen ausgehend, die Gestalt Jesu meditierend zu erhellen. Das kommt den Lesern entgegen, die unsere Begeisterung für das Enneagramm nicht teilen, und es wird auch besser den Quellen gerecht, die uns für unsere Untersuchung zur Verfügung stehen. Es geht im folgenden also um den Versuch, Jesus anhand des Enneagramms gründlicher kennenzulernen und seine Neun GESICHTER vorzustellen.

Das ENNEAGRAMM:
Eine Aufforderung zur Bekehrung

Eine der ersten Gelegenheiten, bei denen ich die Persönlichkeitstypen des Enneagramms kennenlernte, war ein Seminar von P. Tad Dunne SJ an der Creighton University, Omaha, Nebraska, im Sommer 1980.* Während einer Seminarsitzung über das Reue-Gebet befestigte er an den Wänden des Raumes Plakate, deren jedes den Namen einer der neun Hauptsünden trug, die dem Enneagramm zugrunde liegen, und er forderte die Studenten und Studentinnen auf, sich unter das Plakat mit der jeweiligen „Vorzugs-Sünde" zu stellen. Für die Studenten war es recht amüsant, sich unter bestimmten Plakaten als Gruppen wiederzufinden und zueinander sagen zu können: „Sieh mal an, deine Hauptsünde ist also auch der Stolz (oder die Unmäßigkeit, Furcht, Habsucht usw.)!"

Die Persönlichkeitstheorie des Enneagramms setzt auf dieselbe Weise an: Jeder von uns wird auf seine „Wurzelsünde" hin eingeordnet, und davon ausgehend wird er genauer durchleuchtet und aufgerufen, sich zu *bekehren*. Zugleich bringt die Enneagramm-Analyse in uns eine gewaltige Blockierung ans Licht: Ausgehend von unserer Wurzelsünde haben wir diese nolens volens umgeformt zu dem, was wir für unsere besondere Tugend halten. Das macht uns Reue und Bekehrung praktisch fast unmöglich, es sei denn, uns geht auf, wie kurzsichtig wir hinsichtlich der Erfüllung unseres persönlichen Lebens sind. Es ist typisch, daß wir die Erfüllung unseres Daseins für etwas halten, das wir aus eigener Kraft zuwege bringen können, und daß wir, um unser Leben in den Griff zu bekommen, uns selbst ein klares Bild davon gemacht haben, wie wir uns selbst als Persönlichkeit verwirklichen können. Diese Kurzsichtigkeit bezeichnen wir als unseren grundlegenden STOLZ oder auch – und tref-

---

* Etliches davon enthält das Buch THE ENNEAGRAM: A Journey of Self Discovery von Maria Beesing OP, Robert J. Nogosek CSC u. Patrick H. O'Leary SJ, Dimension Books Denville, N. J. 1984, 100–114; deutsch: Das wahre Selbst entdecken. Eine spirituelle Einführung in das Enneagramm, Verlag Herder, Freiburg 1995.

fender – als unsere HYBRIS (vgl. das Diagramm S. 141). Diese Hybris, unsere stolze Einbildung, ist eine Form der Blindheit, denn sie ist Bestandteil unseres Schattens. Wenn wir genauer betrachten, wie Jesus jeden der Typen des Enneagramms ausgeprägt hat, werden wir besonders darauf achten, wie bei Jesus nicht nur dieser Schatten gefehlt hat, sondern auch, wie sein Evangelium uns helfen kann, in den betreffenden Schatten, der bei uns vorhanden ist, Licht und Heilung zu bringen.

Die neun Sünden-Typen lassen sich in drei Gruppen ordnen, und zwar zum einen unter dem Gesichtspunkt, ob sie sich zu sehr auf ihr Selbst beschränken, dann im Hinblick darauf, ob sie sich zu sehr ihrer Welt anpassen und schließlich mit Rücksicht auf die Frage, ob sie zu einseitig alles um sich herum ändern wollen.

Typen, die sich zu sehr auf ihr Selbst beschränken

Einige Persönlichkeitstypen sind besonders bei der vollen Entfaltung ihrer Persönlichkeit gefährdet. Das gilt für die Acht, die Zwei und die Fünf.

Achter sind zu stolz darauf, *stark zu sein*. Sie meinen, ihr Gutsein verdankten sie hauptsächlich ihrer Entschlossenheit. Folglich haben sie keine Gewissensbisse, wenn sie andere einschüchtern, anderen ins Gehege kommen oder ganz selbstverständlich den anderen sagen, wo es lang geht. Achter machen den Fehler, Güte und Zärtlichkeit für Schwäche zu halten, und sie verkennen, daß das *Nachgeben* auch ein Ausdruck von Liebe sein kann.

Zweier sind zu stolz darauf, *gebraucht zu werden*. Dabei merken sie nicht, wie sie versuchen, andere von sich abhängig zu machen – was recht selbstsüchtig ist. Sie verkennen, daß es ein Ausdruck gesunder Demut wäre, auch von anderen etwas anzunehmen.

Fünfer sind zu stolz darauf, *klug zu sein*. Sie vertrauen allein ihren eigenen geistigen Fähigkeiten, was zur Folge hat, daß sie sich von den anderen Menschen absetzen und das Leben mehr beobachten als daran mit ganzer Hingabe teilzunehmen. Sie konzentrieren sich vorwiegend darauf, ihre Zeit und ihren Tagesplan fest im Griff zu haben, um alles, was sie studieren wollen, zu bewältigen. Darum verkennen sie, daß sie darin versagen, sich ganz auf andere einzulassen.

Typen, die sich zu sehr ihrer Welt anpassen

Andere Persönlichkeitstypen neigen dazu, *sich zu sehr der Welt anzupassen, wie sie ist*. Das gilt für die Dreier, Neuner und Sechser.

Dreier sind zu stolz darauf, *erfolgreich zu sein*. Da für sie Erfolg im wesentlichen dadurch bestimmt ist, was andere über einen denken, wird der Erfolg für Dreier zum Gegenstand eitler Ruhmsucht. Er steht und fällt damit, was anderen gefällt und andere loben. Dreier neigen zur Auffassung, ihr Wert hänge von ihrem persönlichen Erfolg ab, und darum gebrauchen sie vielleicht andere für diesen Zweck. Sie verkennen, daß es auch eine Tugend der Demut gibt, die man am besten dadurch erlernt, daß man gelegentlich in den Augen anderer versagt und deshalb Demütigungen erfährt.

Neuner vergötzen den *bequemen Weg*. Sie neigen dazu, ihr Leben in festen Gewohnheiten einzurichten und ziehen sich von allem zurück, das ihren eigenen Frieden stört. Sie halten nicht viel von Menschen, die versuchen, die Welt zu verändern, und sie versagen sich dem Ruf, der von Seiten Gottes an sie ergeht, sich aktiv zur Besserung der Welt einzusetzen.

Sechser beschränken sich darauf, *zu gehorchen*. Sie meinen, der Gehorsam sei die oberste Tugend und nicht die Hingabe an Werte. Da sie ohnehin schon das Gefühl haben, das Leben sei voller Anforderungen an sie, vermeiden sie es, sich neue Kenntnisse zu erwerben, denn das würde nur ihren Verantwortungsbereich noch weiter ausdehnen. Sechser haben einen starken Hang zur Selbstgerechtigkeit, das heißt, sie sind gern stolz darauf, nie eine „richtige" Sünde zu begehen. Dabei beschränken sie den Begriff des Sündigens auf das Brechen von Gesetzen und wollen nicht sehen, daß die Verhaftung in ihren eigenen inneren Ängsten auch durchaus sündhafte Züge haben kann.

Typen, die zu sehr alles um sich herum ändern wollen

Die drei übrigen Persönlichkeitstypen, nämlich die Eins, die Sieben und die Vier, konzentrieren sich zu sehr auf ihre Umgebung, und vor allem auf das, *was sie daran ändern können*.

Für Einser ist es besonders typisch, daß sie *mit allem Vorhandenen, wie es ist, unzufrieden sind*. Sie halten ihr Kritikvermögen für eine Tugend, auch wenn es in Wirklichkeit oft tugendhafter wäre, das Gute, das schon in ihnen selbst und in anderen steckt, wahrzunehmen, statt ständig auf die Unvollkommenheiten fixiert zu sein.

Siebener machen einen Kult daraus, *immer fröhlich zu sein*. Schmerzliches möchten sie weder bei sich selbst noch bei anderen wahrnehmen. Sie verkennen, daß ein authentischer Mensch gelegentlich auch ernst oder traurig sein kann. In ihrer Sucht nach Fröhlichkeit nehmen Siebener ihren Mangel an Selbstdisziplin und ihre Exzesse bei Vergnügungen zu sehr auf die leichte Schulter.

Vierer *kultivieren auf übertriebene Weise den guten Stil*. Bei ihrem Bemühen, ihre auserlesene Empfindsamkeit und ihren hervorragenden Geschmack zum Ausdruck zu bringen, neigen sie dazu, die Tugend der Einfachheit zu vernachlässigen. Oft geraten sie vor Kummer über ihre Leiden ganz außer sich und sehen dabei nicht mehr, daß das Selbstmitleid ein Laster ist.

JESUS IM LICHT DES ENNEAGRAMMS

Jesus als Einser:

Verkörperung von Disziplin

Einser sind *anspruchsvolle* Menschen. Sie sind streng mit sich selbst und mit anderen. Jeder von uns hat im Lauf seiner Schulzeit wenigstens einen Lehrer erlebt, der auf *Disziplin* Wert gelegt und verlangt hat, alles ganz genau zu machen. Seinerzeit hatten wir vielleicht wenig Sympathie für ihn, aber später im Leben ist man solchen Leuten womöglich recht dankbar: Da war jemand, der sich ernsthaft um unsere Erziehung bemüht und uns die Grammatik oder den Sinn für mathematische Genauigkeit eingepaukt hat. Auf vielen Gebieten des Lebens kommt es später auf eben diese Disziplin an: Ob man *Einzelheiten beachtet* oder sich *korrekt benimmt*, kann entscheidend dafür sein, daß man beispielsweise eine Arbeitsstelle bekommt oder behält.

Die Evangelien stellen uns Jesus als einen Menschen mit hohem Anspruch vor. Ein Beispiel dafür findet sich in der Bergpredigt:

> Denkt nicht, ich sei gekommen, um das Gesetz und die Propheten aufzuheben. Ich bin nicht gekommen, um aufzuheben, sondern um zu erfüllen. Amen, das sage ich euch: Bis Himmel und Erde vergehen, wird auch nicht der kleinste Buchstabe des Gesetzes vergehen, bevor nicht alles geschehen ist. Wer auch nur eines von den kleinsten Geboten aufhebt und die Menschen ent-

sprechend lehrt, der wird im Himmelreich der Kleinste sein. Wer sie aber hält und halten lehrt, der wird groß sein im Himmelreich.

Darum sage ich euch: Wenn eure Gerechtigkeit nicht weit größer ist als die der Schriftgelehrten und der Pharisäer, werdet ihr nicht in das Himmelreich kommen.

(Matthäus 5,17–20)

Jesus hatte hohe Erwartungen an seine Jünger. Er lehrte sie, sich ganz genau an alle Gebote zu halten. Sie sollten in jeder Hinsicht vollkommen sein; vor allem in ihrer Motivation und ihrem praktischen Verhalten sollten sie weit größere Vollkommenheit zeigen als die Schriftgelehrten und Pharisäer. Güte, Großzügigkeit und Aufrichtigkeit sollten ihr Verhalten kennzeichnen, und immer sollten sie direkt sein, fair mit den anderen, verantwortungsbewußt und engagiert.

Alles, was Jesus von seinen Nachfolgern verlangte, lebte er ihnen auch selbst vor. Er gab sich alle Mühe, seine Ideale in seinem eigenen praktischen Verhalten zu verwirklichen. In seiner Lehr- und Verkündigungstätigkeit verausgabte er sich völlig; ja, seine Familie war der Ansicht, er übernehme sich und sei geradezu „von Sinnen". Als er eines Tages gerade dabei war, eine größere Menschengruppe zu unterweisen, ließen ihm seine Verwandten ausrichten, sie wünschten ihn auf der Stelle zu sprechen – vielleicht, um ihn aus Sorge um seine Gesundheit für einige Zeit mit sich heimzunehmen. Auf die Nachricht, seine Familienmitglieder verlangten nach ihm, reagierte Jesus mit dem Ausspruch, seine Familie seien diejenigen, die auf das Wort Gottes hörten und danach handelten (Lukas 8,21). Es kann sein, daß er hart gegenüber seiner Mutter und seinen Verwandten war, aber in erster Linie war er hart mit sich selbst.

Einser erkennen sich in dieser Charakterisierung der

Persönlichkeit Jesu auf der Stelle wieder. Wie Jesus bemühen sie sich, intensiv zu arbeiten und geben sich große Mühe, alles, was sie tun, sehr qualifiziert zu tun und auch auf kleinste Einzelheiten zu achten. Ihnen liegt sehr daran, alles richtig zu machen und alles Falsche zu vermeiden. Deshalb ist ihr Anspruch sehr hoch, nicht nur an andere, sondern auch gegenüber sich selbst.

Liebe zum Detail kann zwanghaft werden

Bei all ihrem Bemühen um das Richtige und Vollkommene können Einser jedoch übersehen, daß sie auch eine Schattenseite haben, die gerade deshalb so dunkel ist, weil sie so stolz darauf sind, alles mit besonderer Qualität zu machen. Indem sie sich so stark auf das Vollkommene konzentrieren, kultivieren sie eine überkritische Einstellung, was zur Folge hat, daß sie jegliche Unvollkommenheit übermäßig reizt. Lebt eine Eins beispielsweise mit einem Menschen zusammen, der übergewichtig ist, wird sie kritisch vermerken, daß er oder sie nichts dagegen tut. Natürlich sagt die Eins das der betreffenden Person nicht unbedingt; aber sie ist mit einer gewissen Verachtung der Überzeugung, sie sollte gefälligst selbst darauf kommen, daß sie zu viel ißt, und etwas dagegen tun.

Für Einser ist es typisch, daß sie sich sehr um Ordnung und Sauberkeit kümmern. Schließlich „hat alles seinen Platz und sollte folglich an diesem Platz sein", und ein Motto der Einser kann der Satz sein: „Sauberkeit hat mit persönlicher Integrität zu tun." Gewöhnlich übernimmt die Eins solche Maximen von ihrer Mutter. Einser sind gewöhnlich immer gerade mit etwas *unzufrieden*, und das äußert sich in einer gewissen Schärfe ihrer Stimme. Weil die Eins immer so kritisch ist, haben die anderen vor ihr meistens ein bißchen Angst. Vielleicht stellt ein Einser deshalb fest, daß ihm sein Bruder, der das Gymnasium nicht geschafft hat, nie mehr einen Brief schreibt. Später stellt sich heraus, daß dieser Einser seiner Schwester gegenüber die Bemerkung hatte fallen lassen, der Bruder sei im Rechtschreiben miserabel, und die Schwester hatte das dem Bruder gesteckt.

Am strengsten richtet sich die Kritik der Einser jedoch gegen sich selbst. Sie erleben, daß in ihrem Kopf eine kritische Instanz sitzt, die sie ständig beurteilt und ihnen einredet, sie müßten alles Geschehene gründlich überprüfen und nachsehen, wo sie wieder etwas falsch oder mangelhaft gemacht hätten. Einser grämen sich, daß sie nichts genau so hinbringen, wie sie wollen, weil sie nicht genug Zeit dazu haben. Was immer sie tun, möchten sie noch einmal überarbeiten, um es das nächste Mal besser zu machen. Sagt man einer Eins, sie habe etwas wirklich toll gemacht, dann ist sie immer noch nicht zufrieden, denn sie hat das Gefühl, wenn sie mehr Zeit zum Vorbereiten gehabt hätte, wäre es ihr noch viel besser gelungen. Einser halten ihren Anspruch, pingelig und kleinlich zu sein, für berechtigt, denn schließlich sitze der Teufel im Detail. Sie mögen es nicht zugeben, aber sie können sehr stur daran festhalten, daß etwas genau so gemacht wird, wie sie es sich vorstellen.

Diese Leidenschaft für das Perfekte ist eine Falle. Sie führt dazu, daß der Mensch, den sie umtreibt, immer kleinlich, reizbar und hart an der Grenze seiner Kräfte sein kann. Der kleinste Makel scheint immer gleich alles zu verderben. Bei einer derart übertriebenen Exaktheit stimmt etwas nicht mehr.

Man kann nun deutlich sehen, daß Jesus bei allem Anspruch, den er als Lehrer stellte, weit davon entfernt war,
pingelig und kleinkariert zu werden. Statt die Leute aus-
einanderzunehmen, nahm er sie eher ganz so, wie sie waren. Ein gutes Beispiel dafür finden wir in der Geschichte
von der Frau am Brunnen (Johannes 4,3–30). Sie kam
wahrscheinlich deshalb in der größten Mittagshitze zum
Brunnen, weil die anderen Frauen in der Stadt sie schnit-
ten. Sie war nicht gekommen, um sich bepredigen zu lassen, sondern sie wollte bloß ihr Wasser holen und dann
wieder heimgehen. Dabei war sie eine starke Persönlichkeit: Sie zerfloß nicht in Tränen, als Jesus auf ihr sündhaf-
tes Leben zu sprechen kam, sondern wechselte geschickt
das Thema. Jesus fand offensichtlich Freude daran, sich
mit ihr zu unterhalten. Vermutlich war es für ihn ganz
entspannend, mit einer Frau zu plaudern, nachdem er
den ganzen Tag mit seinen Jüngern unterwegs gewesen
war. Trotz ihrer verworrenen Ehe-Situation machte er ihr
keine Vorwürfe, sondern entlockte ihr Äußerungen eines
tiefen Glaubens an den kommenden Messias. Das Ergebnis war, daß sie selbst zur Glaubensbotin wurde. Sie lief
zu den Leuten in der Stadt und erzählte ihnen von dem
Mann, den sie getroffen hatte. Ja, sie verkündete sogar, er
müsse der Messias sein, denn er habe ihr alles gesagt, was
sie getan habe. Wir können uns vorstellen, daß sie nicht
nur in die Häuser gerannt ist, um es den Frauen zu erzählen, die dort waren, sondern auch in die Kneipen, um die
Männer zu Jesus herauszuholen. Sie hatte Jesu bedingungslose Liebe erfahren. Er hatte sie angenommen und
war gut zu ihr gewesen, so wie sie war. Um ihr das zu zeigen, hatte er sie nicht nur um einen Schluck aus ihrem
Krug gebeten und damit religiöse und kulturelle Tabus
gebrochen, sondern er hatte sich mit ihr auf sehr persön-

liche Weise unterhalten. Sie hatte aus dem tiefen Brunnen seiner eigenen Persönlichkeit trinken dürfen.

Ein anderes Beispiel dafür, wie Jesus eine sündige Frau akzeptiert hat, ist die Geschichte, die sich im Haus Simons des Pharisäers zugetragen hat (Lukas 7,36–50). Jesus lag dort als Gast beim Mahl zu Tisch, als eine Frau von der Straße hereinkam und sich zu seinen Füßen stellte. Ihre Tränen flossen so reichlich, daß sie damit seine Füße benetzte. Sie bückte sich und benützte ihr Haar dazu, seine Füße abzutrocknen und küßte sie dann. Alle andern im Raum wurden spätestens auf sie aufmerksam, als sie ein Alabastergefäß mit kostbarem Duftöl zerbrach und es über die Füße Jesu goß.

Es herrschte tödliches Schweigen, aber Jesus konnte förmlich hören, was die anderen dachten: „Wenn dieser Mann der Prophet wäre, wüßte er, wer diese Frau, die ihn jetzt anfaßt, ist und was sie getrieben hat …" Was tut Jesus offen vor allen diesen Vertretern einer Männerwelt von religiösen Führern und Fischersleuten? Er läßt die Frau gewähren; sie darf ihre Liebe auf die Art zum Ausdruck bringen, die sie am besten beherrscht. Uns wird nicht erzählt, er habe sich dabei wohl gefühlt. Er hat sie einfach angenommen, wie sie war. Er sagte nicht zu ihr, sie solle sich zusammennehmen und weggehen, oder sie solle später wiederkommen, um sich bei ihm auszusprechen. Er machte sich selbst verwundbar, indem er ihrer Liebe und Reue Raum gewährte.

Seinem Gastgeber, Simon dem Pharisäer, erläuterte Jesus anschließend, diese Frau sei ein gutes Beispiel dafür, wie wir alle handeln sollten. Er sagte, ihre große Liebe zeige, daß ihr viele Sünden vergeben worden seien, und er fügte hinzu, wer keine große Liebe zeige, habe wohl auch nicht viel Vergebung erfahren. Jesus zeigte also nicht nur Toleranz gegenüber anderen, die moralische Fehler begangen hatten, sondern stellte sogar fest, daß da, wo jemand nur wenige Fehler habe, womöglich auch nur wenig Liebe wachsen könne.

Eine weitere Geschichte, die in diesen Zusammenhang gehört, ist die von der beim Ehebruch ertappten Frau in Johannes 8, 1–11. Dieser Text scheint für die frühen Christen etwas *Ärgerniserregendes* an sich gehabt zu haben, denn in einigen frühen Manuskripten des Johannesevangeliums ist er weggelassen worden, wohl weil Jesus darin als einer beschrieben wird, der Toleranz gegenüber einem Ehebruch zeigte.

Zur Zeit dieser Geschichte ging Jesus täglich von Bethanien aus nach Jerusalem. Es war ungefähr eine Woche vor seiner Kreuzigung. Während er lehrend mitten in einer Menschenansammlung im Tempelbereich stand, kamen einige Schriftgelehrte und Pharisäer – alles Männer. Sie stießen eine Frau vor sich her, von der sie berichteten, sie hätten sie in flagranti beim Ehebruch ertappt. Die Schriftgelehrten und Pharisäer wandten sich an Jesus und fragten, was er wohl dazu meine, denn gemäß dem „Gesetz des Mose" müsse eine solche Frau doch zu Tode gesteinigt werden. Jesus wußte, daß sie ihm damit eine Falle stellen wollten. Sie hatten bereits vor, ihn zu verhaften, und suchten nur noch ein Argument, um ihn wegen irgend einer Lehrmeinung festnageln zu können. Die Frage war geschickt gewählt, denn weil Jesus so sehr das Mitleid und die Vergebung betonte, konnte er schwerlich sagen, die Frau müsse gesteinigt werden; wenn er andererseits einer Anordnung des Mose widersprach, konnte man ihm damit einen Verstoß gegen die wahre Lehre nachweisen. Doch Jesus legte keinen Wert auf eine theologische Diskussion. Ihm lag an der Frau, die schamrot vor ihm stand. Er sah sie als seine Schwester. Ja, sie hatte Unrecht getan, aber sie hatte es nicht verdient, auf diese Weise öffentlich der Schande preisgegeben zu werden. Ihren Anklägern ging es überhaupt nicht um sie persönlich; sie *benützten* sie nur, um Jesus beizukommen. Jesus teilte die Verlegenheit der Frau. Er bückte sich und begann in den Sand zu schreiben, als spiele er vor sich hin. Vermutlich spürte er die Unangemessenheit und das Unrecht solcher Strafen: Für den an diesem Vergehen beteiligten *Mann* war nicht die gleiche Strafe vorgesehen. Er richtete sich wieder auf und sagte: „Wer von euch ohne Sünde ist, werfe als erster einen Stein auf sie." Dann bückte er sich wieder und schrieb in den Sand. Von den Männern ging einer um den anderen weg; im Text heißt es: „zuerst die Ältesten", und Jesus blieb mit der Frau allein zurück. Da richtete er sich wieder auf und fragte sie: „Frau, wo sind sie geblieben? Hat dich keiner verurteilt?" Sie antwortete: „Keiner, Herr." Da sagte Jesus zu ihr: „Auch ich verurteile dich nicht. Geh und sündige von jetzt an nicht mehr!"

Solche Geschichten über das Mitleid Jesu können für die Eins mit ihrem Hang zum Perfektionismus eine große Hilfe sein. Toleranz und Barmherzigkeit sind wichtiger als die sogenannte „Vollkommenheit". Interessant ist in diesem Zusammenhang, daß Lukas den bei Matthäus überlieferten Spruch: „Seid vollkommen, wie euer himmlischer Vater vollkommen ist!" (Matthäus 5,48) umgeformt hat in: „Seid barmherzig, wie es auch euer Vater ist!" (Lukas 6,36). Auch in der Fassung des Matthäus sagt Jesus, wir sollen allen Gutes erweisen, genau wie Gott das tut, und zwar nicht nur den Gerechten, sondern auch den Ungerechten. Gott geht mit den Bösen *tolerant* um, und weil er liebt, erkennt er sogar im Herzen der Bösen noch etwas Gutes.

Im Gleichnis vom Unkraut unter dem Weizen (Matthäus 13,24–30) wird uns gesagt, daß, wenn wir ins Himmelreich gelangen wollen, wir in unserem Leben das Unkraut zusammen mit dem Weizen wachsen lassen müssen. Denn beim Versuch, daß Unkraut auszureißen, würden wir womöglich auch den Weizen aus dem Boden zerren, und zwar deshalb, weil es gar nicht so leicht ist, immer genau das Unkraut vom Weizen unterscheiden zu können. Worauf es ankommt ist, Vertrauen zu haben und das vorhandene Gute zu fördern. Die gute Saat hat von sich aus die Kraft, stark und groß zu werden und das Schlechte zu überwinden.

Unser „Gutsein" läßt sich nicht anhand irgendeines Vollkommenheitsstandards messen, sondern es besteht vielmehr in der *Kraft, wachsen zu können*. Aus dem Gleichnis vom Unkraut im Weizen kann man lernen, daß man sich auf das Gute im eigenen und auch im Leben der anderen konzentrieren sollte. Sieht man dieses Gute, vertraut man darauf und fördert es, auch wenn es noch so klein sein mag, dann kann es sich zu dem auswachsen, was Jesus als „reiche Ernte" bezeichnet hat. Sowohl in der Natur wie in der Gnade ist eine Kraft von Gott her wirksam, die alles schon vorhandene Gute ständig stärkt, selbst wenn dieses Gute nicht größer ist als ein Senfkorn (Matthäus 13,31 f.).

Wir müssen also unsere Aufmerksamkeit auf das bereits bestehende Gute richten, statt auf „Perfektion" und „Vollkommenheit" zu bestehen. Wir können schlicht sagen: „Du stehst jetzt hier"; dabei müssen wir die Fehler, die wir sehen, nicht in Abrede stellen, aber wir können daran glauben, daß der betreffende Mensch die Kraft hat, aus dem Zustand seiner gegenwärtigen Unreife und Unvollkommenheit herauszuwachsen. Das gilt natürlich in erster Linie auch dafür, wie wir uns selbst sehen, denn es ist eine Wahrheit der Psychologie, daß wir dazu neigen, unsere eigenen verborgenen Urteile über uns selbst auf andere zu projizieren.

Für Einser besteht ein Schlüssel-Paradox des Evangeliums darin, daß wir vollkommen werden, indem wir unsere Unvollkommenheit annehmen. Wir müssen akzeptieren, daß zum gesunden Wachsen und Reifen die Freiheit gehört, Fehler machen zu dürfen: Fehler in unserer Selbsteinschätzung und -darstellung, Fehler beim Erlernen einer Fertigkeit, Fehler bei unserem Bemühen, einander zu lieben. Ja, Jesus unterstellt in der Geschichte von der Sünderin im Haus des Simon, daß, wenn wir in unserem Leben nur wenige Fehler gemacht haben, das deshalb der Fall sein könnte, weil wir bisher noch viel zu wenig geliebt haben.

MEDITATIONSTEXTE

Eine Lektion über Toleranz: Matthäus 5,38–48

Die Frau am Brunnen: Johannes 4,1–42

Die Sünderin im Haus des Pharisäers Simon:
  Lukas 7,36–50

Die Ehebrecherin: Johannes 8,1–11

FRAGEN FÜR DAS GESPRÄCH

1. Wann haben wir in unserem eigenen Leben zu sehr darunter gelitten, alles ganz richtig machen oder alles ganz sauber und in Ordnung halten zu müssen? Welche anderen Werte sind dabei ins Hintertreffen geraten?

2. Wie deuten wir das Wort Jesu, wir sollten „auch die andere Wange hinhalten" (Matthäus 5,39) und der Ungerechtigkeit gegenüber tolerant sein?

3. Woran läßt sich ablesen, daß es Jesus mehr um das Wachstum als um das Vollkommensein geht?

Jesus als Zweier

Verkörperung der Sorge um andere

Besonders gut ist Jesus charakterisiert, wenn man feststellt, daß er „ein Mensch für andere" war. Es lag ihm sehr daran, sein Leben dem Dienst an anderen Menschen zu widmen. Dazu leitete er auch seine Jünger an, wie zum Beispiel im folgenden Abschnitt:

> Sie kamen nach Kafarnaum. Als er dann im Haus war, fragte er sie: Worüber habt ihr unterwegs gesprochen? Sie schwiegen, denn sie hatten unterwegs miteinander darüber gesprochen, wer von ihnen der Größte sei. Da setzte er sich, rief die Zwölf und sagte zu ihnen: Wer der Erste sein will, soll der Letzte von allen und der Diener aller sein. Und er stellte ein Kind in ihre Mitte, nahm es in seine Arme und sagte zu ihnen: Wer ein solches Kind um meinetwillen aufnimmt, der nimmt mich auf; wer aber mich aufnimmt, der nimmt nicht nur mich auf, sondern den, der mich gesandt hat.
>
> (Markus 9,33–37)

Zweier legen Wert darauf, anderen zu dienen. Zweifellos lag diese Einstellung Jesus ganz besonders am Herzen. Er betonte ausdrücklich, daß er nicht gekommen sei, um sich bedienen zu lassen, sondern um zu dienen (Matthäus 20,28). Er hat selbst vorgelebt, daß es zum Dienen gehört, andere Menschen Nähe und Geborgenheit spüren zu lassen; und vor allem hat er uns gezeigt, wie wichtig es ist, selbst und von sich aus die Initiative zu ergreifen, wenn man anderen wirksam helfen will. Zweier sind stark im „Retten", und auch Jesus war darin stark.

Wir erleben Jesus zum Beispiel als solchen „Retter" in der Geschichte von der Hochzeitsfeier zu Kana (Johannes 2,1–11). Das frisch vermählte Paar war in der großen Verlegenheit, daß der Wein ausgegangen war, und offensichtlich war es zu arm, um noch mehr beschaffen zu können. Ohne darum ausdrücklich gebeten zu werden, rettete Jesus sie aus dieser Verlegenheit.

Ein weiteres Beispiel aus der Anfangszeit von Jesu öffentlichem Auftreten ist die Heilung der Schwiegermutter des Petrus (Markus 1,29–34). Er war gerade von Nazaret nach Kafarnaum umgezogen. Als er vom Sabbatgottesdienst in der Synagoge in das Haus des Petrus kam, sagte man ihm, die Schwiegermutter des Petrus liege mit Fieber krank im Bett. Er ging unverzüglich in ihr Schlafzimmer, faßte sie bei der Hand und richtete sie auf. Das Fieber verließ sie auf der Stelle. Sie kleidete sich an und bereitete ihnen eine Mahlzeit. Jesus hatte nicht darauf gewartet, daß man ihn um Hilfe bäte, sondern er hatte sich unverzüglich um sie gekümmert, sobald er auf sie aufmerksam gemacht worden war.

Das zwanghafte Helfenwollen

Als Menschen, die anderen immer zu Hilfe kommen wollen, knüpfen Zweier ihr *Selbstwertgefühl* daran, ob und wie sehr sie anderen zu Diensten sind. Ihr Hilfsbedürfnis kann so ausgeprägt sein, daß sie gar nicht mehr wissen, was sie tun sollen, wenn gerade nichts für andere zu tun ist. Eine typische Folge dieser Einstellung ist ihre Abneigung gegen Versammlungen und Treffen. In ihren Augen besteht der einzige Wert eines Treffens darin, daß es die Möglichkeit bietet, mit anderen Leuten in Kontakt zu kommen. Allerdings dienen die Tagesordnungen von Versammlungen nicht nur diesem Zweck. Folglich finden Zweier als Teilnehmer an Versammlungen alle möglichen Anlässe, irgend etwas Nützliches für die anderen zu tun, und wenn es nur darin besteht, die Fenster zu öffnen und zu lüften oder ständig mit der Kaffeekanne herumzulaufen und nachzuschenken. Aus dem gleichen Grund kann man bei solchen Leuten beobachten, daß sie während einer Sitzung stricken oder Briefe schreiben. Diese Aktivitäten geben ihnen das Gefühl, wenigstens auf diese Weise während der Veranstaltung nicht völlig unnütz herumzusitzen, sondern etwas für andere Brauchbares tun zu können.

Da Zweier sich ganz darauf konzentrieren, sich für andere nützlich zu machen, haben sie im allgemeinen eine Abneigung gegen jede Art von Selbstanalyse. Sie halten es für falsch, Aufmerksamkeit auf sich selbst zu richten, und was die anderen betrifft, so wollen sie auch diese nicht analysieren, sondern ihnen helfen. Ihr Interesse richtet sich in erster Linie darauf, bei den anderen Bedürfnisse zu entdecken und diese zu befriedigen, und zwar mit Vorliebe bei besonders ausgewählten „anderen".

Diese Neigungen überspielen eine verborgene Haltung des Stolzes, die für „Retter"-Typen charakteristisch ist. Auch wenn sie es nicht wahrhaben mögen, haben Zweier eine Abneigung dagegen, von anderen abhängig zu sein. Diese Abneigung entspringt der tiefsitzenden Leugnung, selbst irgendwelche Bedürfnisse zu haben. Sie selbst sind die Helfer; die anderen sind diejenigen, denen geholfen wird. Das ist die Rolle, mit der sie zu jedermann in Beziehung stehen wollen, vor allem zu denen, die sie lieben. Dieser Eigenart, sich gegen jede Hilfe von anderen zu sperren, ist ein verblüffender Zug an ihnen. Trotz ihrer Liebenswürdigkeit und Aufmerksamkeit tun sich Zweier deshalb schwer damit, eine gesunde Beziehung aufrecht zu erhalten, denn sie versuchen jeden, den sie mögen, in die Rolle des von ihnen Betreuten und Umsorgten zu drängen.

Solches Verhalten trägt alle Merkmale einer ernsten Sucht an sich: anderen zu dienen, um sie dadurch von sich abhängig zu machen. Zweier meinen, diese Haltung des Daseins für andere sei selbstlos, aber in Wirklichkeit versuchen sie damit nur, andere an sich zu *binden*. In einer Beziehung führt das dann zu Schwierigkeiten, wenn der andere sich wehrt, in ein Abhängigkeitsverhältnis getrieben zu werden, und einfach diese Form der Beziehung nicht will.

Von da her kann man die Geschichte eines Besuchs Jesu im Haus von Maria und Martha in Bethanien (Lukas 10,38–42) in einem neuen Licht sehen. Martha war ganz damit beschäftigt, für Jesus eine Mahlzeit auf den Tisch zu bringen, während ihre Schwester Maria zu Füßen Jesu saß. Vermutlich spielte sich diese Szene in einem einzigen Raum ab. Plötzlich trat Martha an Jesus heran und beschwerte sich bei ihm: „Herr, kümmert es dich nicht, daß meine Schwester die ganze Arbeit mir allein überläßt? Sag ihr doch, sie soll mir helfen!" Jesus aber weigerte sich, der Aufforderung zu folgen; statt dessen tadelte er Martha, sie mache sich zu viele Sorgen und Mühen. Er sagte: „Nur eines ist notwendig." Ihre Schwester habe den besseren Teil (die „bessere Portion") gewählt, und den wolle er ihr nicht nehmen. Jesus verteidigte damit sicher auch das Recht einer Frau, zu Füßen eines Rabbi zu sitzen, um das Wort Gottes genauer kennenzulernen. Frauen sollten nicht meinen, sie seien nur auf dem Gebiet der Küchenarbeit qualifiziert. Doch der eigentliche Punkt bei diesem Wortwechsel war, daß Jesus zu Martha ins Haus gekommen war, um sie zu besuchen, und nicht, um sich sein Lieblingsessen vorsetzen zu lassen. Es wäre ihm lieber gewesen, wenn sich auch Martha zu ihm gesetzt und mit ihm über das Wort Gottes gesprochen hätte. Aber statt Platz zu nehmen, hatte sie nur eines im Kopf: eine stattliche Mahlzeit herzurichten, um etwas für ihn zu *tun*. Die Beschäftigung hinderte sie daran, Jesus wirklich persönlich zu begegnen; diese Begegnung aber hätte Jesus eigentlich gewünscht.

Zweier haben gewöhnlich keine große Neigung, viel Zeit allein in stillem Gebet oder in der Meditation vor Gott zu verbringen. Schließlich *tut* man bei solchem Beten und Meditieren nichts Greifbares, sei es für Gott oder für andere. Man tut dabei zwar etwas für sich selbst ; aber Zweier vermeiden es, auf solche eigenen Bedürfnisse zu achten und einzugehen. Sie wollen viel lieber etwas für Gott tun, statt schlicht zu ihm in Beziehung zu stehen.

Was passiert mit Zweiern, wenn niemand ihre Dienste braucht? Bekommen sie es mit jemandem zu tun, der ihre Hilfe ablehnt, so haben sie das Gefühl, er lehne sie selbst ab samt allem Guten, das sie glauben, verschenken zu können. Ihre Wut darüber und ihr Gefühl, als Person abgelehnt zu werden , können sie so sehr in die Verbitterung treiben, daß sie sich vor anderen Menschen zurückziehen und tiefe Abneigung insbesondere gegen diejenigen entwickeln, die ihnen einmal viel bedeutet haben. Es macht Zweier immer wütend, wenn sie das Gefühl haben, ihr Dienst werde nicht geschätzt. Sie sind der Meinung, niemand könne das, was sie tun, so gut wie sie. Das stimmt oft sogar, denn niemand geht so wie sie ganz in dem auf, was sie gerade für andere tun.

Die Rolle der Gnade

Vor allem dann, wenn sie sich abgelehnt fühlen, müssen Zweier unbedingt das Evangelium von Gottes frei geschenkter Gnade hören. Gnade heißt, daß uns Gott seine

Liebe zu uns in Jesus offenbart hat. Schon früh in ihrem Leben machen Zweier einen grundlegenden Fehler im Hinblick auf diese Liebe. Sie meinen, die Liebe sei etwas, das man sich *verdienen* könne, und deshalb verlegen sie sich darauf, anderen zu Gefallen zu sein und auf diese Weise Liebe als Belohnung einzuheimsen. Dabei verwechseln sie Liebe mit *Wertschätzung*. Dieser Fehler hindert sie daran, die wirkliche Liebe kennenzulernen – die Art Liebe, die Gott uns in Jesus offenbart hat. Diese Liebe wird immer als etwas *Unverdientes* erfahren.

Mit dem Ausdruck „Gnade" ist nun genau das gemeint: Wir haben von Gott eine unverdiente Liebe geschenkt bekommen. Wenn mich Jesus auf dem Weg über einen anderen Menschen liebt, erschüttert mich das am meisten – und rührt mich zu Tränen des Staunens und der Freude –, daß ich überhaupt nichts getan habe, um es zu verdienen, derart bedingungslos geliebt zu werden. Ich habe Gottes persönliche Liebe zu mir entdeckt. Natürlich kann auch ich dazu etwas beitragen: Ich kann mich für diese göttliche, bedingungslose Liebe öffnen, indem ich andere an dem teilhaben lasse, was ich bin und habe. Dann lieben mich auch andere Menschen wirklich, denn bei echter Liebe geht es um die intensive Gemeinschaft zwischen Personen. Das wollte Jesus Martha sagen. Maria hatte „den besseren Teil" gewählt, weil sie sich auf das Zusammensein mit Jesus eingelassen hatte. In diesem Zwiegespräch konnte sie das Geheimnis der göttlichen Liebe in Jesus und auch in ihrem eigenen Herzen entdecken.

Wenn ich die Gnade begreife, entdecke ich, daß ich nicht um dessentwillen geliebt werde, was ich für Gott oder für andere getan habe, sondern daß ich als *der Mensch* geliebt werde, *der ich bin*. Weil ich so bin, wie ich ganz persönlich bin, mit meinem eigenen Namen, werde ich geliebt. Das zu erkennen, heißt die Liebe kennenlernen, die wahre Liebe, welche reines Geschenk ist. Alle Gefühle der Zuneigung, die nicht ein reines Geschenk sind, sind nicht wirklich Liebe. Solche Gefühle mögen Ausdruck von Wertschätzung sein oder Intimität kennzeichnen oder einfach nur einem Helfersyndrom entspringen; jedoch nur was reines Geschenk ist, verdient den Namen Liebe. Ich entschließe mich, den andern zu lieben, indem ich ihm meine Liebe zum Geschenk mache. Solche Hingabe ist etwas, was wir alle lernen müssen. Sie ist grundlegend für das Verständnis der Frohen Botschaft Jesu.

Wie Gottes Liebe beschaffen ist, können wir an der Beziehung Jesu zu seinen Jüngern ablesen. Für sie wirkte er keine Wunder von der Art, wie er sie für andere wirkte. Er schenkte ihnen seine Liebe, indem er *ihnen Anteil an sich selbst* gab. Er sagte, daran würden sie seine Freundschaft mit ihnen erkennen, daß er alles mit ihnen teile, was der Vater ihm offenbart habe (Johannes 15,15); dazu gehörten auch die Gedanken, Gefühle, Hoffnungen und Versuchungen Jesu, und vor allem das *innere Licht*, von dem er geführt wurde. Er zeigte ihnen seine Liebe auch dadurch, daß er sie bestätigte. Er glaubte wirklich an jeden seiner Jünger und traute ihnen zu, alles zu tun, was er getan habe, ja sogar noch größere Dinge (Johannes 14,12). Jesus machte seine Jünger ganz und gar nicht abhängig von dem, was er für sie tun konnte, sondern wollte ihnen die Zuversicht vermitteln, daß sie genau wie er den Heiligen Geist empfangen würden und daß dieser sie befähigen werde, ganz selbständig in die Welt hinauszugehen und die Frohe Botschaft zu verkünden (Matthäus 10,1).

Zweier brauchen vor allem dies: Sie müssen sich selbst als besondere und einmalige Menschen sehen lernen, und zwar nicht auf Grund dessen, was sie für andere alles *tun*, sondern deshalb, weil sie ganz einmalige Gefühle und Erfahrungen haben, also unverwechselbar sie selbst sind. Außerdem müssen sie die Demut entwickeln anzuerkennen, daß auch sie Bedürfnisse haben, zu deren Erfüllung sie auf andere angewiesen sind. Wenn ich, die Zwei, andere nie für mich sorgen lasse, wie können sie mir da jemals nahe kommen? Wenn ich nicht mit anderen das teile, was in mir vorgeht – meine Bedürfnisse, meine Verletzungen –, wie soll ich da jemals erfahren, daß ich einfach deshalb geliebt werde, weil ich der Mensch bin, der ich bin?

MEDITATIONSTEXTE

Die Hochzeit zu Kana: Johannes 2, 1–11
Die Heilung der Schwiegermutter des Petrus:
    Markus 1, 29–34
Der Besuch Jesu bei Maria und Martha: Lukas 10, 38–42

FRAGEN FÜR DAS GESPRÄCH

1. Wie lieben wir Menschen auf andere Art als dadurch, daß wir ihre Bedürfnisse befriedigen?
2. Wo sehen wir Menschen, die den Fehler machen, sich die Liebe anderer, etwa ihrer Kinder, *verdienen* zu wollen, indem sie alles für sie tun?
3. Was heißt das: jemanden zu *wählen*, den man lieben möchte?

Verkörperung von Ehrgeiz

Dreier haben ein ordentliches Maß *Ehrgeiz*, in allem, was sie anpacken, Erfolg zu haben. Sie planen mit Sorgfalt und erwarten von ihren Mitarbeitern Kompetenz und Einsatzbereitschaft. Für Dreier ist „leben" gleichbedeutend mit „Erfolg haben", und dieser Erfolg hängt von der Anerkennung durch andere ab.

Auch Jesus hatte großen Ehrgeiz, mit Erfolg das auszuführen, was er sich vorgenommen hatte. Seine Sorge als junger Mann, Erfolg zu haben, führte zu dem, was als seine Versuchung durch den Satan bezeichnet wird. Wie alle Dreier mußte auch er gegen die Versuchung ankämpfen, in den Augen der Welt Erfolg zu haben. Seine Erfahrung in der Wüste ist ein Hinweis darauf:

Dann wurde Jesus vom Geist in die Wüste geführt; dort sollte er vom Teufel in Versuchung geführt werden. Als er vierzig Tage und vierzig Nächte gefastet hatte, bekam er Hunger.

Da trat der Versucher an ihn heran und sagte: Wenn du Gottes Sohn bist, so befiehl, daß aus diesen Steinen Brot wird.

Er aber antwortete: In der Schrift heißt es: Der Mensch lebt nicht nur von Brot, sondern von jedem Wort, das aus Gottes Mund kommt.

Darauf nahm ihn der Teufel mit sich in die Heilige Stadt, stellte ihn oben auf den Tempel und sagte zu ihm: Wenn du Gottes Sohn bist, so stürz dich hinab; denn es heißt in der Schrift: Seinen Engeln befiehlt er, dich auf ihren Händen zu tragen, damit dein Fuß nicht an einen Stein stößt.

Jesus antwortete ihm: In der Schrift heißt es auch: Du sollst den Herrn, deinen Gott, nicht auf die Probe stellen.

Wieder nahm ihn der Teufel mit sich und führte ihn auf einen sehr hohen Berg; er zeigte ihm alle Reiche der Welt mit ihrer Pracht und sagte zu ihm: Das alles will ich dir geben, wenn du dich vor mir niederwirfst und mich anbetest.

Da sagte Jesus zu ihm: Weg mit dir, Satan! Denn in der Schrift steht: Vor dem Herrn, deinem Gott, sollst du dich niederwerfen und ihm allein dienen.

Darauf ließ der Teufel von ihm ab, und es kamen Engel und dienten ihm.

(Matthäus 4, 1–11)

Jesus war vom Erfolg des Propheten Johannes beeindruckt. Leute aus dem ganzen Land waren zum Jordan hinabgegangen, um der Predigt des Johannes zuzuhören. Viele änderten ihr Leben. Sogar die Soldaten des Herodes fragten den Johannes, wie sie sich auf das Kommen des Reiches Gottes vorbereiten sollten.

Jesus hatte sich zu Füßen des Johannes begeben und sein ganzes Leben Gott und dem Dienst am Kommen seines Reiches angeboten. Nachdem ihn Johannes getauft hatte, stieg er wieder aus dem Fluß, und während er betete, öffnete sich sein ganzes Wesen für den Vater (Lukas 3, 21 f.). Er erfuhr, daß er mit allen Gaben und Vollmachten ausgestattet wurde, die er für seine Sendung brauchen würde. Er war voller Zuversicht, daß er mit diesen Gaben für das Kommen des Reiches Gottes auf Erden werde wuchern können, zumal er wußte, daß der Vater sein Vertrauen auf ihn setzte.

Nachdem Jesus aus der Wüste zurückgekehrt war, fing er unverzüglich an, die Botschaft vom Anbruch des Reiches Gottes zu verkünden. Er benützte dieselben Worte, die Johannes mit so großem Erfolg verwendet hatte: „Kehrt um, das Reich Gottes ist nahe!" (Markus 1,15). Doch anders als Johannes wollte er nicht in der Wüste bleiben und darauf warten, daß die Leute zu ihm kämen. Statt dessen ging er zu den Leuten hinaus, wo immer sie waren.

Bei seiner Taufe war in Jesus eine große Veränderung vorgegangen. Er war plötzlich zur öffentlichen Persönlichkeit geworden. Als er wieder nach Nazaret heimkam, meinten die Leute dort, er mache aus sich etwas, das er gar nicht sei. Sie waren noch nicht so weit, ihn als von Gott gesandten Propheten akzeptieren zu können, und so weigerten sie sich, seiner Botschaft Gehör zu schenken. Jesus reagierte darauf mit dem Spruch: „Kein Prophet wird in seiner Heimat anerkannt" (Lukas 4,24).

Nachdem Johannes hingerichtet worden war, zog Jesus viele seiner Schüler an sich. Sie waren von Johannes religiös gründlich geschult worden und im Glauben gereift, und zwar dank einer Disziplin, die derjenigen in einem Kloster wie im nahegelegenen Qumran glich. Aber Jesus ließ sie nicht als eine Art Mönche weiterleben; sie sollten zu Missionaren werden, zu reisenden Vertretern des Reiches Gottes.

Seine Führungsqualitäten

Um in seiner Sendung Erfolg zu haben, entwickelte sich Jesus zu einer Führerpersönlichkeit. Er wurde einer, der *auf sich aufmerksam machte*. Er war alles andere als ein zurückgezogener Einsiedler, sondern im Gegenteil sehr aktiv, immer unterwegs. Auf die Menschen ging er immer direkt zu; er sah ihnen fest in die Augen und gab ihnen auf die Art Antwort, auf die sie ihn ansprachen.

Jesus machte sich *verfügbar*. Er hatte keine festen „Bürostunden", ja nicht einmal einen bestimmten Ort, an dem man ihn treffen konnte. Er gab die eigene Wohnung auf und sagte von sich: „Der Menschensohn hat keinen Ort, wo er sein Haupt hinlegen kann" (Matthäus 8,20). Die Füchse, so äußerte er, seien besser gestellt als er, denn sie hätten ihre Höhlen. Daß er unverheiratet blieb, hing mit seiner grenzenlosen Verfügbarkeit zusammen. Menschen aus jeder sozialen Herkunft spürten, daß sie zu ihm kommen konnten und er Zeit für sie haben würde.

Jesus *liebte die Menschen*. Er suchte die Gefährtenschaft nicht nur von Männern, sondern auch von Frauen. Er hatte Frauen als Jüngerinnen (vgl. Lukas 8,1–3), wie etwa Maria und Martha von Bethanien, und er verbrachte gern Zeit mit ihnen. Sowohl Frauen wie Männer fanden es *faszinierend*, mit ihm zusammenzusein. Sie schätzten seine *Furchtlosigkeit*, mit der er Menschen entgegentrat, eine Eigenschaft, die ihnen ein Gefühl der Sicherheit schenkte, nachdem sie sich ihm angeschlossen hatten.

Jesus verstand etwas von *Kommunikation*. Er brachte es fertig, Tausende von Menschen mit seinen Lehrpredigten anzuziehen. Er verwendete mit Vorliebe Gleichnisse, um die Menschen damit herauszufordern, ihre eigenen Entscheidungen zu treffen, statt sich an Entscheidungen zu halten, die andere für sie getroffen hatten. Sie akzeptierten seine Führerschaft, weil er Hoffnung weckte und eine *gute Nachricht* verkündete. Er gab sich alle Mühe, seine Botschaft an den Mann und die Frau zu bringen. Um Erfolg zu haben, setzte er gezielt seine Fähigkeit ein, auf andere nachhaltigen Eindruck zu machen. Er war ganz und gar von der Botschaft überzeugt, die er predigte. Er weckte das Interesse der Leute mit der besten Werbung, die die Welt je gesehen hat: Er vollbrachte Wunder! Würden sie ihm sonst zugehört haben? Er brachte diese Wunder immer in engen Zusammenhang mit der Botschaft, die er verkündete.

Jesus war *immer im Dienst*. Er bezeichnete sich selbst als den „Hirten" einer Herde derjenigen, die ihm nachfolgten. Die Apostel stellten dieses Bild später in den Zusammenhang der Botschaft von Jesus als dem Retter, der die Schafe gegen die Wölfe verteidigt und auszieht, die Verirrten zu suchen. Aber auch so stellt das Bild eindeutig klar, wer der *Chef* war. Jesus war ihr Führer, und sie folgten seiner Lehre und seinem Beispiel. Was sie besonders anzog, waren die Werte, für die er stand und die er lebte. Für diese Werte wollten auch sie große Opfer bringen, wenn es sein mußte sogar ihr eigenes Leben hingeben. Jesus wußte, daß der Führer den anderen klipp und klar die Werte vor Augen halten muß, für die er lebt, und daß er imstande sein muß, die Leute so anzurühren, daß sie sich untereinander zusammenschließen, um diese Werte hochzuhalten, sie selbst vorzuleben und sie weiterzugeben. Er selbst war die Quelle der Werte, die er ausstrahlte. Alle diese Werte ließen sich in dem zusammenfassen, was Jesus „das Reich Gottes" nannte.

Dieses Reich Gottes war in Jesus selbst schon anwesend. Er führte diesen Tatbestand mit seiner Fähigkeit vor Augen, Menschen Heilung zu schenken, und zwar am Leib wie an der Seele. Das Reich Gottes war auch in seinen Erwartungen gegenwärtig: es war im Begriff, auf die Erde zu kommen. Später sollte er machtvoll seinen eigenen Geist über seine Anhänger ausgießen, damit sie weiterhin die Anwesenheit des von Gott verheißenen Gottesreiches aufzeigen und sein Offenbarwerden beschleunigen konnten. Da er die Quelle der Botschaft vom neuen Leben war, nahm Jesus bewußt die Rolle des Führers der „kleinen

Herde", wie er sie nannte, in Anspruch. Darin sah er den tiefsten Sinn und Zweck seines Lebens.

Als guter Führer verstand es Jesus, Mitarbeiter heranzuziehen. Zunächst einmal *wählte* er selbst seine Mitarbeiter aus. Er überließ es nicht ihnen, ihn zu wählen. Ausdrücklich sagte er: „Nicht ihr habt mich erwählt, sondern ich habe euch erwählt und dazu bestimmt, daß ihr euch aufmacht und Frucht bringt" (Johannes 15,16). Diesen ausgewählten Mitarbeitern erklärte er seine Sicht und seine Werte in allen Einzelheiten. Von den Menschenmassen dagegen, die seiner Predigt zuhörten, erwartete er nicht, daß sie alles, was er sagte, genau verstanden; wohl aber erwartete er das von seinen Mitarbeitern. Kaum hatte er sie ausgewählt, da übertrug er ihnen auch schon die Verantwortung, einiges von dem, was er tat, auch selbst zu tun. Er betonte, daß er ihnen alle Fertigkeiten mit auf den Weg gebe, die sie für diese Art Einsatz brauchten. Er gab ihnen Öl mit, um damit die Kranken zu heilen, und er sagte ausdrücklich, sie würden sogar die gleichen Wunder wirken können wie er. Sie sollten das feste Vertrauen haben, daß sie in seinem Namen des Werk Gottes vorantreiben konnten, und dies sogar mit solcher Vollmacht, daß sie imstande sein würden, dämonische Kräfte zu bannen. Als sie ganz begeistert von ihrem ersten erfolgreichen Einsatz zu ihm zurückkehrten, freute er sich mit ihnen und sprach ein lautes Danksagungsgebet an seinen Vater, daß er seinen Gefährten solche Gaben verliehen habe (Lukas 10,21).

Unter seinen Mitarbeitern wählte Jesus eine Kernmannschaft von zwölf Männern aus. Die Zwölferzahl war symbolisch und deutete die Wiedervereinigung der zwölf Stämme Israels an, die in alle Winde zerstreut waren, aber jetzt durch den verheißenen Messias wieder zu einem einzigen Volk gesammelt werden sollten, das als Licht für alle Nationen leuchten sollte.

Alles, was Jesus tat und sagte, war auf das Ziel ausgerichtet, der ganzen Welt die Frohe Botschaft zu bringen. Obwohl alles in Gottes Händen lag, wußte Jesus, daß er als menschlicher Vorkämpfer historische Kräfte in Gang setzen mußte, die die weitere Lebensart der Menschen nachhaltig zu verändern vermochten. Er brauchte Mitarbeiter, und diese mußten organisiert und bevollmächtigt sein, um anderen die Botschaft weiterzugeben, der sie ihr Leben verschrieben hatten.

Die Falle, nur für den Erfolg zu leben

An Dreiern wird oft kritisiert, sie machten ihre Arbeit zu ihrem einzigen Lebensinhalt. Und wenn das stimmt – ist das wirklich so schlecht? Jesus, so sehen wir, lebte ganz für seine Sendung. Sein Werk war sein Leben. Er opferte alles dem Erfolg seiner Botschaft, und *er erwartete das auch von seinen Jüngern.*

Als weiterer Fehler wird den Dreiern angelastet, sie könnten Stümperhaftigkeit nicht ausstehen. Wenn ein Arbeiter längere Zeit krank ist, sind sie der Meinung, er gehöre eben einfach ersetzt. Braucht eine Angestellte eine Menge Zeit für irgendeine Arbeit, dann wird das für Dreier zum Problem. Dreier meinen, das Leben sei dazu da, alles, was sie in die Hand nehmen, effektiv und mit Erfolg durchzuführen. Sie haben wenig Sinn für andere Werte als diejenigen der Kompetenz und Effizienz; selbst der Umstand, daß jemand älter ist, bedeutet ihnen nichts. In Verwaltungsfragen klammern sie ihre Gefühle konsequent aus, obwohl sie durchaus fair und objektiv mit jedem Mitarbeiter umgehen können.

Die größte Falle für Dreier ist jedoch, daß es für sie ein Versagen eigentlich gar nicht geben darf; sie können es nur als schreckliches Übel ansehen. Für sie steht ihr gesamter *Selbstwert* auf dem Spiel, wenn die Möglichkeit besteht, daß sie versagen könnten.

Was ist Erfolg? *Letzten Endes bewerten wir dann etwas als erfolgreich, wenn andere darüber positiv denken, es bewundern oder loben.* Wenn Ihnen ein Dreier sagt, er erwarte von Ihnen, daß Sie bei der und der Versammlung eine wirklich „zündende Rede" halten, dann heißt das, diese Rede solle bei den Zuhörern *ankommen* und ihnen *gefallen.* Erfolg und folglich „gut" ist das, was von den anderen geschätzt wird.

Ein weiteres Problem, das sich auftut, wenn man sich im Leben das Ziel setzt, Erfolg zu haben und Versagen zu vermeiden, besteht darin, daß man nie zufrieden sein kann. Dem Erfolg ist es eigen, daß er nie satt ist. Ein Erfolgserlebnis schreit sofort nach dem nächsten. Auch das ist ein Anzeichen dafür, daß es sich bei dieser Art von Motivation um eine Falle handelt. Man wird nicht nur völlig abhängig von dem, was andere wertschätzen, sondern auch das eigene Herz wird mit keinem unserer Erfolge jemals zufriedener.

Wie Jesus mit dem Scheitern umgegangen ist

Dem Dreier wird zum Verhängnis, daß er mit dem Versagen ganz und gar nichts anfangen kann. Jesus jedoch hat das Scheitern nicht als das größte aller Übel betrachtet. Die Art, wie er mit seinem eigenen Scheitern umgegangen ist, kann uns als Vorbild dienen. Ja, er hat sogar ausdrücklich zu seinen Anhängern gesagt, sie sollten sich darauf einstellen, daß sie genau wie er scheitern würden. Gerade weil sie sich entschlossen hätten, ihm nachzufolgen, blühe ihnen das gleiche. Das sei der Preis dafür, seine Jünger zu sein (Lukas 14,25–33).

Mit gutem Grund darf man annehmen, daß Jesus zu

Anfang seines öffentlichen Wirkens erwartet hatte, er werde mit seiner Ausrufung des Reiches Gottes Erfolg haben. In der Frühzeit seines Auftretens erfuhr er eine gewaltige Resonanz im Volk. Bald schlossen sich ihm Jünger an; er entfaltete eine große Anziehungskraft als Wundertäter, und Tausende folgten ihm nach, um aus seinem Mund das Wort Gottes zu hören.

Die bittere Wende wird in den Evangelien mit der Erzählung von der Brotvermehrung illustriert. Jesus war der Meinung, er und seine Jünger brauchten etwas Ruhe, zumindest einen Tag lang. So bestiegen sie in Kafarnaum ein Boot und ruderten über den See Genesaret in ein Wüstengebiet (Markus 6,31 ff.). Doch während sie übersetzten, folgten ihnen am Ufer ganze Menschenmengen aus den umliegenden Dörfern. Als sie aus dem Boot wieder an Land stiegen, standen schon alle diese Leute da und warteten auf sie. Jesus gab unverzüglich das Vorhaben auf, sich einen Ruhetag zu nehmen. Er lehrte sie den ganzen Tag. Man kann sich vorstellen, welcher Energie und Phantasie es bedurfte, stundenlang zu diesen Tausenden von Menschen zu sprechen und ihre Aufmerksamkeit wach zu halten. Gegen Abend begann sich Jesus Sorgen zu machen, woher diese Leute etwas zu essen bekommen sollten, denn seit sie am Morgen ihre Häuser verlassen hatten, waren sie ohne Nahrung gewesen. Schließlich wirkte er eine wunderbare Vermehrung von etwas Brot und Fisch, das ein Junge bei sich hatte, und machte sie alle damit satt. Die Menge erfaßte nicht gleich, daß sich hier ein Wunder ereignete, aber nachdem alle gegessen hatten, sahen sie, daß die Körbe mit den Resten viel größer waren als das kleine Körbchen des Jungen mit seinem Brot und Fisch. Sie fingen aufgeregt an, miteinander über das Geschehene und darüber, was das wohl bedeuten solle, zu reden. Manche begannen sich zusammenzurotten. Sie witterten die Möglichkeit, jetzt die römische Vorherrschaft über ihr Land abzuschütteln: Man mußte nur eine Bewegung anstoßen, bei der Jesus als ihr von Gott gesandter König ausgerufen würde (Johannes 6, 14 f.)!

Jesus erschrak, als er merkte, was unter der Menge im Gang war: Er zwang seine Jünger, das Boot zu besteigen – ohne sich auf irgendwelche Fragen einzulassen – und den Ort unverzüglich zu verlassen. Er wollte seine treuen Anhänger nicht dadurch verlieren, daß sie sich von diesen Umsturzplänen anstecken ließen. Dann gelang es ihm, die Menge zu überreden, sich zu zerstreuen und wieder heimzugehen.

Als Jesus wieder allein war, stieg er einen Berg hinauf und verbrachte lange Zeit im Gebet unter dem nächtlichen Himmel. Es gab viel vor Gott zu erwägen, denn alle seine Pläne waren am Zerrinnen. Er mußte sich in aller Klarheit eingestehen, daß er darin *versagt* hatte, der Führer dieser Menschen zu werden. Sie hatten seine Sichtweise und seine Werte nicht übernommen. Sie hatten seine Sendung überhaupt nicht begriffen und wollten jetzt lediglich seine Nähe zu Gott für ihre eigenen politischen Absichten *ausnützen*. Wie er schon seinen Jüngern gesagt hatte, war es für ihn eine Versuchung durch den Teufel, sich auf ein politisches Amt einzulassen, denn das war ein völliges Mißverständnis dessen, was der verheißene Messias sein werde.

Die Frucht des Betens Jesu in dieser Nacht war sein Entschluß, Galiläa zu verlassen und nach Jerusalem hinaufzuziehen, um dort noch einmal ganz neu anzufangen. Er war gescheitert, daran war nichts zu deuten, aber jetzt würde er noch einmal beginnen, dieses Mal nicht mit Scharen von Leuten aus kleinen Städten und Dörfern wie Nazaret, sondern mit denen, die in der jüdischen Überlieferung und in den Schriften geschult waren. Er wollte zu den führenden Leuten in Jerusalem gehen und ihnen seine Botschaft klarmachen. Das würde ihnen die Gele-

genheit geben, ihn und das, was er lehrte, genau kennenzulernen. So würden sie vor die klare Entscheidung gestellt, ihn anzunehmen oder zu verwerfen.

Jesus ahnte, daß er auch in Jerusalem scheitern würde.
Doch aus diesem Scheitern würde das Gute, um das es
ihm ging, erwachsen. In den Schriften wurde ja gesagt,
daß dies die Art und Weise sei, wie Gott seinem Volk die
Befreiung bringen werde. Da hieß es doch, der Menschensohn müsse zunächst abgelehnt und sogar getötet
werden, aber dann werde er zur Herrlichkeit auferweckt
(vgl. Lukas 18,31–33).

Jesus sah nun deutlicher, daß seine Sendung darin bestehe, zu offenbaren, daß der wirkliche Erfolg nur durch
Scheitern hindurch zu erlangen sei. Später wurde dies als
das „Pascha-Mysterium" bezeichnet. Oft erweist Gott
seine größte Macht in unserem Leben erst dann, wenn
wir eine große Enttäuschung erlebt haben, die so weit gehen kann, daß alles, was wir aufgebaut hatten, wie ein
Kartenhaus zusammenfällt. Ein solches Scheitern ist alles
andere als das Zeichen dafür, daß Gott uns verlassen hat;
vielmehr wendet er dann nur auch in unserem Leben
seine Weise an, aus dem Scheitern heraus das Gelingen
herbeizuführen. Wer auf die Fahnen seines Lebens die
Parole „Erfolg" geschrieben hat, für den kann der Entschluß, Jesus nachzufolgen und sein Kreuz zu tragen,
durchaus bedeuten, den völligen Zusammenbruch all
dessen in Kauf zu nehmen, in das hinein er bislang seine
gesamte Energie gesteckt hatte.

Wenn man das Scheitern annimmt, heißt das, das
Scheitern nicht als Zeichen der Abwendung Gottes zu sehen. Als Jesus am Kreuz hing, hatte sich Gott nicht von
ihm abgewandt, auch wenn Jesus das einen Augenblick
subjektiv so empfand und verzweifelt ausrief: „Mein
Gott, mein Gott, warum hast du mich verlassen?" (Markus 15,34). Der Verfasser des Hebräerbriefs sagt darüber,

Gott habe das Gebet Jesu um Hilfe erhört und ihn aus seiner Angst befreit (Hebräer 5,7). Es kann durchaus sein, daß wir, wenn wir uns ganz Gott ausliefern, gelegentlich große Verluste in unserem Leben hinnehmen müssen. Doch später stellen wir vielleicht fest, daß Gott uns, genau wie dem Ijob, alles Verlorene wiedergeschenkt hat. Öfter jedoch ist es so, daß wir durch Fehlschläge hindurch neue Kraft zum Dienst an anderen schöpfen sowie die Energie für ein Leben, das sich nicht mehr auf das ausrichtet, was wir bislang für „Erfolg" gehalten hatten.

MEDITATIONSTEXTE

Die Taufe Jesu: Matthäus 3,1–17
Die Ablehnung Jesu in Nazaret: Lukas 4,14–30
Die Rückkehr der Zweiundsiebzig: Lukas 10,17–24
Jesus speist die Fünftausend: Johannes 6,1–15
Der Preis der Nachfolge: Lukas 14,25–33

FRAGEN FÜR DAS GESPRÄCH

1. Wie wichtig ist es, in unserem Leben klare Ziele zu haben? Welche Ziele haben andere, die wir besonders bewundern?
2. Auf welchen Gebieten ist die Versuchung besonders groß, die Mittel durch den Zweck zu heiligen?
3. In welcher Form haben wir schon erfahren, daß das *Scheitern* eine Art ist, unser Kreuz in der Nachfolge Jesu zu tragen?

Jesus als Vierer

Verkörperung von Sensibilität

Man könnte Jesus zu Recht „den Patron der Unverstandenen" nennen. Häufig beklagte er sich bei seinen engsten Freunden auch darüber, daß sie ihn selbst nicht verstünden. Ein Grund dafür war seine wache Sensibilität. Ein Beispiel für sein sensibles Gespür zeigte sich während eines Festmahls, das ihm zu Ehren kurz vor seiner Verhaftung und Kreuzigung in Bethanien veranstaltet wurde:

> Als Jesus in Bethanien im Haus Simons des Aussätzigen bei Tisch war, kam eine Frau mit einem Alabastergefäß voll kostbarem, wohlriechendem Öl zu ihm und goß es über sein Haar. Die Jünger wurden unwillig, als sie das sahen, und sagten: Wozu diese Verschwendung? Man hätte das Öl teuer verkaufen und das Geld den Armen geben können. Jesus bemerkte ihren Unwillen und sagte zu ihnen: Warum laßt ihr die Frau nicht in Ruhe? Sie hat ein gutes Werk an mir getan. Denn die Armen habt ihr immer bei euch, mich aber habt ihr nicht immer. Als sie das Öl über mich goß, hat sie meinen Leib für das Begräbnis gesalbt. Amen, ich sage euch: Überall auf der Welt, wo dieses Evangelium verkündet wird, wird man sich an sie erinnern und erzählen, was sie getan hat.

> (Matthäus 26,6–13)

Diese Geschichte spielt sich während einer sehr kritischen Zeit in Jesu Leben ab. Er und seine Jünger waren jeden Morgen nach Jerusalem gegangen und dann abends immer nach Bethanien zurückgekehrt, um sich im Haus Marthas zu erholen und dort über Nacht zu bleiben. Die Verschwörung gegen Jesus nahm immer mehr Gestalt an, und er kam in diesen Tagen kaum mehr zur Ruhe. Pharisäer und Sadduzäer versuchten, ihm eine Falle zu stellen und ihn zu einer Stellungnahme gegen das Gesetz zu verführen, aus der man ihm einen Strick drehen und ihn verhaften konnte. Jesus wußte wohl, daß sie schließlich ihr Ziel erreichen würden. Jeden Abend wanderte er seelisch erschöpft die vier, fünf Kilometer nach Bethanien zurück. An einem dieser Abende wurde für ihn und seine Apostel in Bethanien ein Festmahl veranstaltet. Während des Mahls betrat eine ihm gut bekannte Frau den Raum, öffnete ein Alabastergefäß mit kostbarem Salböl und träufelte das duftende Öl über sein Haupt, zum Zeichen tiefer Zuneigung und Anteilnahme. Sie wußte, daß Jesus mehr als ein festliches Beisammensein brauchte, um innerlich neu zu Kräften zu kommen. Sie wollte ihm zeigen, daß sie sich darüber im klaren war, unter welchem Druck er stand und wie niedergeschlagen er war. Es würde ihm gut tun, wenn ihm jemand Anteilnahme bekundete.

Während sie ihm so nahe kam, begannen die Apostel miteinander über diese ungehörige „Verschwendung" von kostbarem Salböl zu tuscheln, das man hätte verkaufen können, um den Erlös den Armen zu geben. Jesus nahm unverzüglich dagegen Stellung und sagte zu seinen Aposteln, sie sollten aufhören, die Frau zu kritisieren. Was die Frau getan habe, sei „ein gutes Werk an ihm" gewesen. Und er erklärte weiter, sie habe seinen Leib für das Begräbnis gesalbt. Arme hätten sie immer bei sich, wogegen er sie bald verlassen werde.

Jesus fühlte sich völlig unverstanden. Warum konnten

seine Jünger nicht spüren, wie schwer ihm das Herz war? Sie murrten über diese Geste der Liebe seitens einer Frau, die ihm nahe stand! Er würde nicht immer bei ihnen sein. Nach seinem Weggang konnten sie alles Geld den Armen geben. Dieser sein Leib, den sie noch sahen, würde bald im Grab liegen. Das würde schon so bald der Fall sein, daß sie diese Salbung als die Vorbereitung seines Leibes auf das Begräbnis betrachten konnten. Konnten sie denn nicht verstehen, wie schwer ihm das Wissen darum wurde, daß er bald sterben und sie verlassen mußte?

Außerdem wollte Jesus die Frau in Schutz nehmen und herausstellen, wie großartig ihr Zeichen der Zuneigung zu ihm sei. Er sagte, was sie getan habe, sei „ein gutes Werk" gewesen. Diese Bezeichnung hat Jesus in allen Evangelien nur einmal, an dieser Stelle, verwendet. Um mit allem Nachdruck zu sagen, was er empfand, sagte er voraus, an ihren Ausdruck der Liebe werde man sich bis ans Ende der Zeit überall erinnern, wo sein Evangelium verkündet werde. Die Reaktion seiner Jünger zeigte ihm, wie unsensibel sie gegenüber seinen Gefühlen und denjenigen der Frau waren.

Das Letzte Abendmahl

Einige Tage später hielt Jesus sein letztes Abendmahl mit seinen Jüngern. Während des Mahls stand er auf, umgürtete sich mit einem Leintuch, wusch ihnen allen der Reihe nach die Füße und trocknete sie mit dem Leintuch ab (Johannes 13, 4 ff.). Auch hier fühlte er sich unverstanden. Er hatte dieses Mahl eigens dazu veranstaltet, daß sie sich immer an diese letzten Stunden des Zusammenseins mit ihm und an seine große Liebe zu ihnen erinnern würden. Sie aber begriffen nicht, wie schwer es ihm wurde, von ihnen Abschied zu nehmen.

Wie es für Vierer üblich ist, so brauchte auch Jesus viel Zeit, um Abschied zu nehmen, und es fiel ihm schwer, seine Gefühle darin zum Ausdruck zu bringen. Wie konnte er jemals angemessen zeigen, was seine Jünger ihm bedeuteten und wie sehr es ihm weh tat, sie verlassen zu müssen? Die Apostel hatten sich an alle seine Anweisungen für die Vorbereitung des Mahls gehalten, aber innerlich waren sie nicht mit ihm mitgegangen. Er wollte sich nicht mit bloßem Traurigsein von ihnen verabschieden; nein, er wollte den Abschied mit ihnen feiern, auf eine Art, die ihnen unvergeßlich bleiben sollte. Es war sein Wunsch, daß sich alle seine künftigen Jünger immer an diesen Abend erinnern und sich im Gedächtnis daran ein rituelles Mahl zur festen Gewohnheit machen sollten (Lukas 2,19).

Während des Abendmahls sprach Jesus in erster Linie über die Liebe: über seine Liebe zum Vater, über seine Liebe zu ihnen als seinen Freunden, die sich darin erweisen sollte, daß er sein Leben für sie hingab (Johannes 15,12–17). Sie sollten ihm dadurch treu bleiben, daß sie einander die Liebe erwiesen, die er ihnen geschenkt hatte. Allerdings enttäuschte es ihn sehr, daß ihnen während der Feier des Mahls sehr vieles von dem, was ihn bewegte, entging, obwohl er seine Empfindungen in dramatischen und ungewohnten Gesten zum Ausdruck brachte. Sie schienen so gefühllos und unsensibel für diese Abschiedszeichen zu sein! Konnten sie deren Bedeutung einfach aus dem Grund nicht erkennen, daß sie ihre eigene Vorstellung davon, wer und was er sein sollte, nicht aufgeben wollten? Jedenfalls trug die Unaufmerksamkeit seiner Jünger zu Jesu innerer Einsamkeit und zu seinem Gefühl, von allen verlassen zu sein, bei. Mit ihrem Herzen waren sie in diesem tragischsten Augenblick seines ganzen Lebens nicht wirklich bei ihm.

Nach dem Mahl nahm Jesus seine Jünger mit hinaus in

den Garten Getsemani (Matthäus 26,36–46; Markus 14,32–42; Lukas 22,39–46). Er wählte Petrus, Jakobus und Johannes aus, um mit ihm abseits zu gehen. Zwar hatte er das tiefe Bedürfnis, zu seinem Vater in der Einsamkeit zu beten, aber er brauchte trotzdem die Gefährtenschaft seiner engsten Nachfolger. Als ihn große Angst überkam, sagte er zu ihnen, er *sterbe* vor Traurigkeit. Er ging einige Schritte weiter, fiel auf die Knie und flehte seinen Vater im Gebet an, ihn aus dieser Stunde zu befreien. Seine Angst war derart überwältigend, daß sich Blut in seinen kalten Angstschweiß mengte. Als er aufstand und zurückging, entdeckte er, daß seine drei Freunde eingeschlafen waren! Wie konnten sie derart unsensibel sein? Warum hatten sie in dieser tragischen Stunde nicht mit ihm ausharren können? Mußten sie ihn wirklich so allein und im Stich lassen? Er fragte sie, warum sie nicht wenigstens eine Stunde hätten mit ihm wachen können; in diesem entscheidenden Augenblick hätten sie doch unbedingt wach bleiben und darum beten sollen, nicht selbst in der Versuchung zu fallen.

Andere Anlässe zum Weinen

Das war nicht das erste Mal gewesen, daß Jesus geweint hatte. Als äußerst sensibler Mensch brachte Jesus sein Betrübt- und Traurigsein öfter durch Weinen zum Ausdruck. Erst eines Morgens wenige Tage vorher war das der Fall gewesen, als Jesus von Bethanien nach Jerusalem gegangen war. Er war am Ölberg entlanggewandert und hatte die Stadt samt dem Tempel vor sich liegen sehen, und da war er plötzlich stehen geblieben, und die Tränen waren ihm gekommen. Er mußte an die Zukunft denken, in der Jerusalem von einer fremden Armee belagert und dem Erdboden gleich gemacht werden würde. Er sah darin eine Folge dessen, daß das Volk ihn ablehnte. Mit Tränen in den Augen sagte er, er habe die Menschen seines Volkes schützen und bergen wollen, wie eine Henne ihre Küken unter ihren Flügeln birgt, aber sie hätten nicht gewollt (Lukas 19, 41–44).

Ein anderer Anlaß, bei dem Jesus geweint hat, war der Besuch am Grab des Lazarus gewesen. Wie uns in Johannes 11, 1–44 erzählt wird, hatten Maria und Martha Jesus eine Botschaft zukommen lassen, die etwas verschlüsselt besagt hatte: „Dein Freund ist krank." Da die Jünger wußten, wie sehr Jesus Maria und Martha verbunden war, wunderten sie sich, daß er sich nicht auf der Stelle auf den Weg machte und ans Krankenlager des Lazarus eilte. Jesus ließ mehrere Tage verstreichen, ehe er aufbrach. Als er kurz vor Bethanien war, kam ihm zur Begrüßung nur Martha entgegen. Ihre Schwester Maria blieb trauernd im Haus. Was sollte Jesus nun zu Maria und Martha sagen, nachdem während seines verlängerten Aufenthalts in Judäa ihr Bruder Lazarus gestorben und bereits begraben war? Die ersten Worte, die Martha bei ihrer Begegnung zu ihm sagte, lauteten: „Herr, wärst du hier gewesen, dann wäre mein Bruder nicht gestorben." Jesus sagte darauf einige Worte über die Auferstehung ihres Bruders, aber für Martha war das kein großer Trost, wo doch Jesus seinen Tod hätte verhindern können. Sie sagte, natürlich wisse sie, daß wir alle am Ende der Welt wieder auferstehen würden. Darauf fragte Jesus nach Maria, und so ging Martha sie holen. Kaum hatte Maria von Martha erfahren, daß der Herr nach ihr gefragt habe, stand sie auf und ging zu ihm hinaus. Ihre ersten Worte waren die gleichen wie die ihrer Schwester Martha: „Herr, wärst du hier gewesen, dann wäre mein Bruder nicht gestorben." Die Frauen, die mit ihr aus dem Haus gekommen waren, begannen alle zu weinen. Ihre Trauer erschütterte Jesus zutiefst, und auch er begann zu weinen. Dann ging er zum Begräbnisort, ließ den Stein vom Grab wegrollen und rief in das Grab hinein, Lazarus solle herauskommen. Da kam der Verstorbene heraus; seine Füße und Hände waren mit Binden umwickelt, und sein Gesicht war mit einem Schweißtuch verhüllt. Jesus gab die Anweisung, ihn daraus zu befreien.

Sein Sinn für das Dramatische

Die Auferweckung des Lazarus offenbart nicht nur die große Sensibilität Jesu, sie zeigt auch seinen Sinn für eindrucksvolle dramatische Inszenierungen. Noch nie in der Weltgeschichte war etwas derartiges geschehen! Der Leib des Lazarus war schon so lange im Grab gewesen, daß die Verwesung bereits eingesetzt hatte. Martha mit ihrer üblichen direkten Art hatte Jesus darauf hingewiesen, es werde sehr schlimm riechen, wenn man den Stein wieder vom Grab wegrolle. Ehe Jesus den Lazarus im Grab anrief, brachte er sehr deutlich seine Gewißheit zum Ausdruck, er werde den Lazarus wieder herausholen können. In seinem Gebet zum Vater, das diesem Befehl an Lazarus vorausging, sagte Jesus ausdrücklich, er wisse, daß der Vater dieses sein Gebet erhören werde, weil der Vater sein Gebet immer erhöre. Er betete laut, damit alle Umstehenden von seiner engen Beziehung zum Vater hörten. Der Verfasser des Evangeliums gibt uns im Lauf der Geschichte immer wieder deutliche Hinweise darauf, daß Jesus *ganz bewußt* aus der Auferweckung des Lazarus etwas *sehr Dramatisches* machen wollte.

In derselben Woche, die seiner Verhaftung vorausging, hatte Jesus eine Prozession arrangiert, bei der er als der Messias ausgerufen wurde, der in die Stadt Jerusalem komme (Matthäus 21, 1–11; Markus 11, 1–11; Lukas 19, 28–40; Johannes 12, 12–19). Wie die Schrift vorhergesagt hatte, sollte der versprochene Retter in Demut in die Stadt einziehen, auf einem Esel reitend. Jesus arrangierte diese Szene; aber es handelte sich nicht bloß um eine *Inszenierung*. Indem er die Schrift in dramatischer Gestaltung auslebte, verwirklichte er sein tatsächliches Leben. Indem er auf einem Esel ritt, brachte er sichtbar seinen inneren Anspruch zum Ausdruck, der Messias zu sein. Könige und Fürsten ritten auf stattlichen Pferden in ihre Hauptstadt ein und feierten, daß sie in ihrer Majestät über dem gemeinen Volk standen. Jesus ritt auf einem Esel, nicht als komische Figur, sondern als der Retter aller, die an ihn glaubten. Er wollte sie retten, indem er ganz nah bei ihnen war, auf gleichem Niveau mit ihnen. *Majestät* war etwas für Gott Angemessenes, sofern er der Schöpfer und Richter aller war; aber sie paßte nicht auf den „Gott, der rettet", also zu dem Sinn, den der Name „Jesus" buchstäblich bezeichnet.

Im Lauf seines öffentlichen Wirkens bediente sich Jesus immer wieder dramatischer Gesten, wenn er Menschen heilte. Er gebrauchte nicht nur Worte, wenn er Heilungsbefehle aussprach, sondern verband diese gern mit sichtbaren Zeichen und Berührungen. Als er den taubstumm Geborenen heilte, legte er dem Mann seinen Finger in die Ohren, berührte seine Zunge und sagte dann laut: „Effata", d. h. „Öffne dich!" (Markus 7,34). Den Blindgeborenen heilte er, indem er in den Staub spuckte, einen Brei anrührte, diesen dem Mann auf die Augen strich und ihm dann auftrug, zu gehen und sich im Teich Schiloach zu waschen (Johannes 9,6). Solche dramatischen Gesten weckten in den Betreffenden den Glauben, waren aber auch die natürliche Art Jesu, sich selbst und die in ihm wirkende Kraft zum Ausdruck zu bringen.

Die Evangelien beschreiben Jesus so, als sei von seinem Körper eine heilende Kraft ausgegangen, wie das etwa in der Geschichte von der blutflüssigen Frau (Markus

5,25–34) geschildert wird. Sie glaubte, wenn sie auch nur den Saum seines Gewands berühre, würde sie geheilt werden. Als sie dann tatsächlich Gelegenheit hatte, im Gedränge um Jesus sein Kleid zu berühren, spürte Jesus eine Kraft von sich ausgehen. Wir Christen sollten Jesus als Vorbild für die Art sehen, wie auch wir den Kranken und Angeschlagenen dienen sollten. Die Heilung aus der Kraft Jesu braucht einen greifbaren, ja geradezu dramatischen Ausdruck. Das kann man vor allem bei den Ritualen der Kirche sehen, die wir als Sakramente bezeichnen und von denen wir ausdrücklich betonen, sie seien Handlungen im Namen Jesu.

Der Schatten der Vierer

Die Auswirkung unseres Schattens zeigt sich darin, wie wir versuchen, andere zu manipulieren oder „in den Schatten zu stellen". Bei Vierern ist eine Ausdrucksform dafür ihr *Snobismus*. Der Grund für diesen Snobismus liegt darin, daß Vierer besonderen Wert auf gepflegte Kultur und guten Geschmack legen. Auf Leute, die nicht viel Sinn für Eleganz und Schönheit haben, sehen sie herab. Zu ihrem Snobismus kommt hinzu, daß uns Vierer gelegentlich mit ihrer Neigung überraschen, auf andere, die mehr Beachtung finden, eifersüchtig zu werden, wenn diese anderen sich gepflegter kleiden, mehr Ausstrahlung haben oder sich sonst durch irgend etwas auszeichnen. Eifersucht ist eigentlich eines Vierers unwürdig, denn es ist primitiv, sich darüber zu grämen, daß andere hervorragend sind. Eine echte Kultur der Persönlichkeit sollte sich dadurch auszeichnen, daß man sich darüber freut, wenn ein anderer Mensch gut ist und Aufmerksamkeit erregt, und zwar aus Liebe zu ihm.

Die größte Falle für Vierer jedoch besteht darin, Melancholie und Mitleid als Mittel dafür einzusetzen, Aufmerksamkeit auf sich zu lenken. Solches Verhalten ist eine raffinierte Art, sich als etwas „Besonderes" in Erinnerung zu rufen. Unter Schluchzen und Tränen lassen solche Menschen andere an den Tragödien ihrer Lebensgeschichte teilhaben und beherrschen andere dadurch, daß sie ihnen Sympathie abnötigen. Eine Lieblingsfigur der romantischen Literatur ist der unverstandene Mensch mit schwächlicher Gesundheit, der sich aus dem normalen Leben zurückgezogen und sich ganz und gar an irgendeine selbstlose Seele geklammert hat. Hat man sich erst einmal darauf eingelassen, diesen Menschen verstehen zu wollen, wird man in einen Abgrund der Traurigkeit und Isolation mit hineingezogen, der schließlich in einen tragischen und sinnlosen Tod mündet.

Jesus vermeidet das Selbstmitleid

Wenn wir uns Jesus näher ansehen, entdecken wir, daß er es sogar als „Schmerzensmann" fertigbrachte, diese Falle des Selbstmitleids zu meiden. Sooft Jesus gegenüber seinen Jüngern auf sein bevorstehendes Leiden und Sterben zu sprechen kam, fügte er auch die Voraussage hinzu, daß er wieder auferstehen werde (Markus 8,31; 10,32–34). Er sah folglich diesem Schicksal nicht als einer endgültigen Tragödie entgegen, sondern letztlich als einem Sieg. Er nannte seinen Tod eine weitere „Taufe" (Lukas 12,50). Zu sterben war für ihn eine Stunde der Finsternis, aber eben nur eine „Stunde", das heißt, eine kurze Zeit, und dann würde er sich siegreich über die Mächte der Finsternis und des Todes erheben. Jesus verglich diese tragische Stunde gern mit den Geburtsschmerzen einer Mutter. Wenn die Wehen einsetzen, ist ihr bang, aber ist ihr Kind geboren, vergißt sie alle Schmerzen vor Freude darüber, daß sie einem Kind das Leben geschenkt hat (Johannes 16,21).

Jesus hat es auch vermieden, sich selbst als einsame, tragische Gestalt zu zeichnen. Er sagte, wenn man ihn verfolgt habe, werde man seine Nachfolger erst recht verfolgen. Ja, er ging noch weiter: Wenn seine Jünger ihm nachfolgen wollten, müßten sie *Tag für Tag* ihr Kreuz tragen (Lukas 14,27ff.). Bevor sie sich ihm also anschlössen, sollten sie sich zuerst einmal in Ruhe überlegen, ob sie tatsächlich bereit seien, den Preis, seine Jünger zu sein, zu bezahlen. Auch gegen sie würden sich die Kräfte, die sich ihm in seiner *Stunde* entgegenstellten, früher oder später verschwören.

Als sich Jesus immer deutlicher darüber klar wurde, daß sich alle zunehmend gegen ihn verschworen hatten, versuchte er sich nicht mit seinen Freunden zusammen vor der drohenden Gefahr zu verstecken. Er ging nach Jerusalem, aufs Spielfeld seiner Feinde. Er bot ihnen Tag für Tag die Stirn, diskutierte mit ihnen und versuchte, ihre ablehnende Haltung gegenüber seinem Evangelium zu überwinden. Jesus wollte ihnen klar machen, wer er war und was er vertrat. Statt sich selbstmitleidig darüber zu grämen, daß alle gegen ihn waren und keiner an seine ehrlichen Absichten glaubte und seine Ideale teilte, ging er weiter auf die Menschen zu, solange er noch das Licht des Tages nutzen konnte (Johannes 12,35f.). Trotz des Drucks, der gegen ihn immer stärker wurde, wollte Jesus in der ihm verbleibenden Zeit noch möglichst viel Gutes tun. Als seine Feinde ihre Kräfte gegen ihn sammelten, fiel er nicht in Melancholie oder Verzweiflung. Im Gegenteil, er reagierte darauf vielmehr mit einer Steigerung seiner Aktivität. Wenn er schon nicht ihre *Herzen* mit seinen Heilungswundern rühren konnte, wollte er wenigstens versuchen, ihren *Geist* durch seine Argumente anzusprechen. Und statt sich hilfesuchend an seine Freunde zu klammern, versuchte er, diese auf das bevorstehende Trauma seines Sterbens vorzubereiten. Er sagte zu ihnen, sie würden alle zerstreut werden, weil man ihn als ihren Hirten töten werde (Markus 14,27). Aus diesem Grund schärfte er ihnen ein, sie sollten mit derselben Liebe, die er ihnen geschenkt habe, fest zusammenhalten (Johannes 15,12). Im Augenblick seiner Verhaftung legte er bei seinen Häschern Fürsprache für sie ein und bat, sie sollten seine Jünger laufen lassen (Johannes 18,8).

MEDITATIONSTEXTE

Die Frau, die das Gewand Jesu berührte: Markus 5,25–34
Vor dem Grab des Lazarus: Johannes 11,1–44
Der triumphale Einzug in Jerusalem: Matthäus 21,1–11
Jesus wäscht seinen Jüngern die Füße: Johannes 13,1–17
Das neue Gebot: Johannes 15,9–17
Jesus betet in Getsemani: Markus 14,32–42

FRAGEN FÜR DAS GESPRÄCH

1. Welche sympathischen Züge haben uns bekannte Menschen, von denen wir wissen, daß sie sehr sensibel sind? Inwiefern möchten wir so werden wie sie?
2. Welchen Rat würden wir Menschen geben, die übersensibel und leicht verwundbar sind?
3. Würden wir es gern sehen, daß in unserer Religion dem Gefühlsmäßigen mehr Raum gegeben würde? In welcher Form?

Verkörperung der Weisheit

Wenn man Jesus in der Perspektive der Fünfer sehen will, muß man berücksichtigen, wie sehr ihm an der Weisheit lag. Wie für alle Fünfer, war es auch für Jesus wichtig, weise und nicht töricht zu sein. Und er übertrug die Maxime weisen Handelns auch auf seine Schüler, wie das etwa im Schlußabschnitt seiner Bergpredigt zum Ausdruck kommt:

> Wer diese meine Worte hört und danach handelt, ist wie ein kluger Mann, der sein Haus auf Fels baute. Als nun ein Wolkenbruch kam und die Wassermassen heranfluteten, als die Stürme tobten und an dem Haus rüttelten, da stürzte es nicht ein; denn es war auf Fels gebaut. Wer aber meine Worte hört und nicht danach handelt, ist wie ein unvernünftiger Mann, der sein Haus auf Sand baute. Als nun ein Wolkenbruch kam und die Wassermassen heranfluteten, als die Stürme tobten und an dem Haus rüttelten, da stürzte es ein und wurde völlig zerstört.
>
> (Matthäus 7,24–27)

Jesus sagt uns hier, wir sollten in unserem Leben Prioritäten setzen. Der unvernünftige Mensch erfährt das Leben als eine lange Abfolge von mühsamen, frustrierenden Ereignissen. Ein weiser Mensch dagegen baut sein Leben auf klug ausgewählte Prinzipien und Werte. Er erleidet sein Leben nicht einfach passiv, und er hält sich nicht unbedingt nur an die Muster, die ihm seine Umgebung als selbstverständlich vorgibt. Sein Leben auf Fels zu bauen heißt, für Werte zu leben, die größer sind als man selbst oder irgendwelche flüchtige Befriedigungen.

Um genau unterscheiden zu können, welchen Werten man den Vorzug geben sollte, muß man sich gründlich informieren und über alles, was man kennengelernt hat, nachdenken. Unsere moderne Gesellschaft mag zwar durchaus ein starkes Bedürfnis nach denkerischer Tiefe haben, aber unser Leben ist derart beschleunigt, und so viele Dinge, die wir tun müssen, drängen sich in den Vordergrund, daß die Eile oft völlig unsere Fähigkeit aufzehrt, innezuhalten, um in uns selbst hineinzuschauen und zu hineinzuhören. Wer aber Weisheit erwerben will, muß fähig sein, auf die unterschiedlichsten Stimmen zu hören, sowohl von außen wie von innen, um dann die ernsthaftesten von ihnen auswählen zu können. Weisheit zeigt sich vor allem in der Urteilskraft eines Menschen, und zwar in der Urteilskraft darüber, welche Werte wir in unserem Leben verkörpern sollten. Und schließlich zeugt es von Weisheit, wenn man auf ein bestimmtes Ziel hin lebt, und zwar auf ein Ziel hin, das nicht kleinkariert und ichbezogen ist, sondern das Ganze des Lebens mit einbezieht.

Wer nicht genügend nachdenkt, wird zum unvernünftigen, törichten Menschen, der keine Ideale und Ziele hat und deshalb vorwiegend auf Impulse reagiert, statt selbst aktiv Initiativen zu ergreifen. Jesus betrachtete die Unvernunft als Sünde; trotzdem wird diese vermutlich nur in wenigen Beichtspiegeln ausdrücklich als solche aufgeführt. Er stellte die Unvernunft in eine Reihe mit Habgier, Schamlosigkeit, Gottlosigkeit, Stolz und anderen üblen Dingen, die im Herzen des Menschen wohnen und ihn unrein machen können (Markus 7,22).

Zu Jesu Ringen um Weisheit gehörte es, daß er sein Leben und Wirken bei sich selbst gründlich überdachte. Er suchte oft einsame Orte auf, um auf diese Weise über die Schrift, über sein Leben und über den Willen Gottes nachzudenken. Wie es für alle weisen Menschen charakteristisch ist, wußte auch Jesus oft mehr, als er sagte, oder er wartete zumindest auf den richtigen Zeitpunkt, um seine Einsicht mit den anderen zu teilen.

Weil Jesus alles gründlich bei sich selbst bedachte, empfanden die Leute seine Lehre als eigenartig frisch und neu, ganz im Unterschied zur Lehre der Rabbinen, deren Unterrichtsmethode darin bestand, zur Beantwortung eines bestimmten Zweifelsfalls eine Reihe von Autoritäten zu zitieren. Jesus dagegen stellte sich direkt ins Kreuzfeuer der Kritik, indem er seine eigenen Gedanken und nicht die Meinung vergangener Autoritäten zum Ausdruck brachte. Aus diesem Grund erwarb er sich den Ruf, „mit Vollmacht" zu sprechen (Matthäus 7,29).

Diese „Vollmacht" erwuchs aus der Überzeugung, mit der er sprach. Sie entstammte dem, was er „Ströme lebendigen Wassers aus seinem Innern" nannte (Johannes 7,38). Sie war eine Kraft in ihm selbst, die ihn befähigte, über alles, was er gehört und gesehen hatte, so fruchtbar nachzudenken, daß er schließlich sagen konnte, was das Richtige und Beste war. Diese innere Kraft wurde auch als „Licht" beschrieben, denn sie verlieh seinem Denken und Lehren eine überraschende Klarheit. Was er lehrte, war alles andere als eine Sammlung bloßer Ideale und Theorien; seine Lehre war immer ganz praktisch – eben eine Lehre der Weisheit.

Leitlinien

Wie alle Menschen, die versuchen, ihre Weisheit mit anderen zu teilen, kleidete Jesus seine Aussagen über das Richtige und Beste in die Form von prägnanten Aussprüchen oder Sprichwörtern. Sie waren als hilfreiche Leitlinien für alle gedacht, die gründlich über ihr eigenes Leben nachdenken wollten. Bei diesen Leitlinien handelt es sich um etwas anderes als um Gebote oder Gesetze, und schon die Art, wie Jesus sie formulierte, war dazu angetan, nachdenklich und neugierig auf weitere Einsichten zu machen.

Zu diesen Sprichwörtern oder Leitlinien im Evangelium gehören etwa die folgenden:

> Viele, die jetzt die Ersten sind, werden die Letzten sein, und die Letzten werden die Ersten sein.
>
> (Markus 10,31)

> Richtet nicht, damit ihr nicht gerichtet werdet.
>
> (Matthäus 7,1)

> Mein Joch drückt nicht, und meine Last ist leicht.
>
> (Matthäus 11,30)

Jesus betrachtete knappe Aussagen wie diese als Mittel der Verkündigung. Da es sich um Leitlinien handelt, erläutert man sie am besten mit Hilfe von Anekdoten oder Gleichnissen, die ihrerseits dann wieder zum Nachdenken über die eigene Erfahrung anregen. Kurze Aphorismen und Gleichniserzählungen sind darauf angelegt, uns selbst zum Nachdenken zu bringen und in die Weisheit einzuführen.

Zu Jesu Satz, daß die Letzten die Ersten und die Ersten die Letzten sein werden, paßt die Geschichte von den beiden Nonnen, die ihrer Lebtag in der Klosterküche gearbeitet hatten. Ihre Arbeit war oft schwer und undankbar gewesen, aber sie hatten sich immer wieder gegenseitig Mut gemacht mit der Vorstellung, daß sie im Himmel ja für ihr schweres Leben belohnt würden. Ganz besonders schwer fiel es ihnen, ihre Klagen zu unterdrücken, als der Bischof zu einem Festessen kam und ungemein viel Aufmerksamkeit und Ehrung erfuhr, während von ihnen und der Unmenge Arbeit, die sie mit dem Festessen hatten, überhaupt niemand Notiz nahm.

Es kam der Tag, an dem sie beide in den Himmel aufgenommen wurden und ihre viele im Verborgenen geleistete Arbeit tatsächlich von Gott reichlich belohnt wurde. Sie waren damit ganz zufrieden – allerdings nur bis zu dem Tag, an dem eine große Schar Engel mit Wimpeln und Bannern aufzog und ankündigte, morgen werde es einen großen Festzug geben. Die Engel erklärten, es handle sich um die Empfangsfeierlichkeiten für einen soeben im Himmel eingetroffenen Bischof. Die Nonnen ärgerten sich ziemlich darüber und sagten zu den Engeln, sie hielten es nicht für gerecht, daß sie nun auch wieder im Himmel um einen Bischof soviel Trara mitmachen sollten, nachdem sie doch schon auf Erden die Bischöfe ständig hofiert und beehrt hätten. Darauf entgegneten die Engel, in diesem Fall sei eine große Feier durchaus angesagt, „denn es ist äußerst selten, daß hier ein Bischof ankommt".

C.S. Lewis hat dieselbe Wahrheit darüber, wer in der kommenden Welt erhöht und wer erniedrigt werden wird, in seinen Abenteuergeschichten vom Land Narnia in die Erzählung vom Taxifahrer und seiner Frau gekleidet, die beide einen grausigen Cockney-Slang sprechen, aber in Narnia zum König und zur Königin gewählt werden.

Zur oben zitierten zweiten Aussage – vom Richten und Gerichtetwerden – paßt die Geschichte von der katholischen Mutter, die ihren Sohn im Teenager-Alter durch einen Verkehrsunfall verlor. Ihr Pfarrer weigerte sich, ihm eine Totenmesse zu halten, weil sie schon lange keinen

Kirchenbeitrag mehr bezahlt habe. Schließlich hielt der Geistliche einer fundamentalistischen Gruppe die Beerdigung. Die Mutter trat kurze Zeit später in seine Kirche über und setzt nun alles daran, auch ihre Brüder und Schwestern zum Austritt aus der katholischen Kirche zu bewegen, weil diese sie, wie sie sagt, in die Hölle führen werde.

Diese wahre Geschichte, die sich noch viele Jahre nach dem II. Vatikanischen Konzil ereignet hat, macht deutlich, wie schlimm es ist, wenn Kirchenmänner sich ein Urteil darüber anmaßen, wer im Stand der Gnade sei, wo doch ein solches Urteil allein Gott fällen kann.

Was die dritte Aussage angeht, nämlich daß Jesus unsere Last mit uns trägt, wenn wir sein Joch auf uns nehmen und also sozusagen im Team mit uns kämpft, läßt sich durch die folgende Geschichte verdeutlichen: Eine Frau sah im Traum auf ihren Lebensweg zurück, der sich als Spur im Sand abzeichnete. Die meiste Zeit sah sie diesen Weg als zwei Fußspuren nebeneinander, und sie verstand das so, daß immer Jesus mit ihr gegangen war. An allen Abschnitten, wo sie im Leben besonders Schweres durchgemacht hatte, war jedoch merkwürdigerweise die zweite Spur verschwunden. Sie beschwerte sich darüber bei Jesus und fragte ihn, warum er sie immer gerade dann allein gelassen habe. Darauf erwiderte ihr Jesus, sie deute die Spuren falsch. Denn an diesen Stellen habe er sie immer auf seinem Rücken getragen, und nur deshalb sei da immer nur eine Spur zu sehen.

Die Falle des Sich-Abkapselns

Weil man eine ganze Menge Zeit zum Nachdenken braucht, um sich in der Weisheit zu üben, besteht die Gefahr, daß man sich deshalb zu sehr abkapselt. Bei ihrem

Bemühen, möglichst viel zu lernen und zu begreifen, neigen Fünfer dazu, sich möglichst oft von den anderen abzusetzen, um Zeit für sich selbst zu haben. Bei Familienfesten, Cocktailparties und Plaudereien wird es ihnen immer schnell langweilig. Sie finden gar nichts dabei, wenn sie sich, ohne irgend jemandem etwas zu sagen, einfach „ausklinken", um sich wieder in den Gegenstand zu vertiefen, mit dem sie sich gerade beschäftigen. Wenn sie das Gefühl haben, das Zusammensein mit jemandem bringe ihnen nichts, sehen sie keinen Grund, länger zu bleiben. Oder es kann auch sein, daß sie zu spät zu einem Gesprächskreis kommen und dann bis zum Schluß bloß als stille Beobachter dabeibleiben.

Bei Fünfern ist es stets ein Problem, daß sie lieber *Beobachter* als *Teilnehmer* sind. Sie überlassen es anderen, soziale Aktivitäten anzukurbeln und durchzuführen, denn sie sind vollauf damit beschäftigt, sich selbst zu formen und nachzudenken. Ihre innere Welt nimmt sie derart in Beschlag, daß sie oft für gar nichts anderes mehr ansprechbar sind. Das macht ihnen dann Schwierigkeiten, voll und ganz *da* zu sein. Sie können sich Namen nicht merken. Sie neigen zum monotonen Sprechen.

Weil Fünfern so sehr am tieferen Nachdenken liegt, legen sie Wert darauf, alles unter möglichst vielen Gesichtspunkten zu betrachten. Ihrer Ansicht nach sind die meisten anderen Leute viel zu *oberflächlich*. Sie sehen sich in dieser Auffassung dadurch bestätigt, daß immer, wenn sie anderen erklären wollen, womit sie sich gerade beschäftigen, diese das gar nicht besonders interessiert, ja, diese sogar gelangweilt dreinschauen oder sich abwenden. Wenn ein Fünfer mitteilen will, worüber er sich gerade Gedanken macht, bedeutet das, daß er einen ganzen Vortrag halten müßte. Aber die wenigsten Leute sind es gewohnt, sich einen ganzen Vortrag anzuhören und darüber zu diskutieren, vor allem nicht in geselliger Runde. Das Problem verschärft sich noch dadurch, daß Fünfer die Meditation ihres Lebens als *Einzelgänger* betreiben. Die Folge ist, daß man ihre Kategorien erst einmal kennenlernen muß, ehe man mit ihnen eine gründliche Diskussion führen kann. Sie treiben ihr persönliches Nachdenken zu einseitig voran, und das in einer Welt, die vorwiegend auf Dialog und Kooperation angelegt ist.

Jesus war kein Einzelgänger

Jesus liebte es zwar durchaus, sich zum Gebet in die Einsamkeit zurückzuziehen und mit sich allein über Gott, über sein Leben und Wirken nachzudenken, aber er war ganz und gar nicht das, was man als einen „Einzelgänger" bezeichnet. Als Mensch, dem es um die Weisheit ging, wußte er, daß er Partner brauchte. Diese zu gewinnen war ihm so wichtig, daß er sein eigenes Haus in Nazaret und seinen Beruf als Zimmermann aufgab, um nicht nur zum Wanderprediger zu werden, sondern auch, um Tag und Nacht mit seinen Anhängern zusammenzuleben. Während dieser ganzen Zeit, in der er unter freiem Himmel lebte und auf den Straßen von Galiläa und Judäa dahinwanderte, war er meistens mit ihnen zusammen, und nicht mit der Menge, die sich vor allem von ihm als Wundertäter angezogen fühlte.

Jesus fing immer wieder das Gespräch mit seinen Jüngern an, stellte ihnen Fragen und forderte sie zu Stellungnahmen und Antworten auf. Das gab ihm dann den Anstoß zum weiteren gemeinsamen Nachdenken mit ihnen. Der größte Teil der Lehre Jesu, wie sie uns die Evangelien überliefern, stammt aus Tischgesprächen und nicht aus regelrechten Vorträgen. Er lehrte in kleinen Einheiten und Happen, und erst die Redaktoren der Evangelien fügten diese, ähnlich wie eine Perlenkette, zu einem sinnvollen größeren Ganzen. Diese häppchenweise Art der Unterweisung, die sich jeweils im Gespräch ergab, ist die Art, in der ein geistlicher Meister seine Schüler lehrt, denn ein solcher öffnet den Menschen die Augen dafür, daß Gottes Spur in alltäglichen Ereignissen und zufälligen Gesprächen aufblitzen kann. Jesus wollte, daß seine Anhänger die Weisheit in der Schule des Lebens lernten, in dem das Reich Gottes nach Gottes Plan bereits anbrach. Um einen Blick für die Geheimnisse des Reiches Gottes zu bekommen, mußten die Jünger in der Umgebung Jesu alltägliche Dinge erfahren, über diese nachdenken und so das Handeln Gottes erkennen. Die Welt ist transparent für Gott, aber es bedarf der spirituellen Einsicht, um hinter die Oberfläche der Ereignisse schauen zu lernen und dort zu entdecken, wie Gott am Wirken ist. Jesus bezeichnete dies als das Kommen des Reiches Gottes.

Gelegentlich griff Jesus ein alltägliches Ereignis auf, um daran eine moralische Unterweisung zu knüpfen. So beobachtete er zum Beispiel einmal, wie sich einige Männer ganz selbstverständlich auf die Ehrenplätze bei Tisch setzten (Lukas 14,7 ff.), oder ein anderes Mal, wie eine arme Witwe zwei Kupfermünzen in den Opferkasten des Tempels warf (Lukas 21,1 ff.). Als geistlicher Meister konnte Jesus jedem Ereignis, das sich in seiner Nähe abspielte, eine moralische Tiefe abgewinnen. Es war seine Art, sich alltäglicher Dinge zu bedienen, um seine Schüler im besseren Verständnis der Wege Gottes zu schulen.

Diese Praxis Jesu kann uns darauf hinweisen, wie wichtig es ist, am Leben wirklich teilzunehmen, statt nur als dessen Beobachter abseits stehen zu bleiben. Da Gott als Herr der Geschichte am Werk ist, seinen Plan mit der Welt zu erfüllen und sein Reich, welches die menschliche Gesellschaft umwandeln wird, wahr werden zu lassen, wäre der Versuch sehr töricht, Weisheit nur auf dem Wege des Studiums von Büchern erlangen zu wollen. Die wichtigsten Dinge des Lebens lassen sich nur dadurch kennenlernen, daß man am Leben selbst teilnimmt. Als bloßer aufmerksamer Beobachter kann man zwar eine Menge Informationen sammeln und Probleme analysieren, aber die eigentlichen „Geheimnisse" des Lebens lassen sich nur erfassen, wenn man selbst darin engagiert ist.

Ein offensichtliches Beispiel für diese Wahrheit ist das Phänomen der Liebe, die man nicht lernen kann, indem man sie in Büchern studiert oder immer präziser definiert. Liebe lernt man nur kennen, indem man sich verliebt, und nicht, indem man sie definiert. Es ist zwar anschließend wertvoll, seine Erfahrung der Liebe in Worte fassen zu können, aber das kann man erst dann mit Erfolg versuchen, wenn man aus eigener Erfahrung das Phänomen Liebe kennt. Ein weiser, vom Leben geschulter Mensch weiß das. Wer das nicht weiß, mag noch so viel darüber lesen und nachdenken, er wird die Weisheit verfehlen.

Jesus betete gern stundenlang ganz allein, und seine Jünger waren beeindruckt, wie intensiv er meditieren konnte. Dieses Beten war für Jesus unverzichtbar, damit er seine Sendung als der in den Heiligen Schriften angekündigte Messias erfüllen konnte. Das bedeutet, daß er über alles, was sich in seinem Leben abspielte, im Licht der Gnade des in ihm wohnenden Geistes gründlich nachdenken mußte. Trotzdem lesen wir nie, Jesus habe sich gestört gefühlt, wenn ihn seine Jünger mitten im Gebet unterbrachen. Er liebte sie von ganzem Herzen und war dankbar, daß sie bei ihm waren. Er lebte mit der Einstellung, daß es vielleicht ein Anruf Gottes war, wenn sie ihn unterbrachen. Schließlich hatte ihm ja der Vater sie alle gegeben (Johannes 17,6). Für Jesus waren Unterbrechungen jederzeit vorgesehen.

Was den Menschen unrein macht: Markus 7, 1–23
Richtet nicht, damit ihr nicht gerichtet werdet:
  Matthäus 7, 1–5
Kommt alle zu mir und ruht euch aus: Matthäus 11, 25–30
Demut und Gastfreundschaft: Lukas 14, 7–14
Das Opfer der armen Witwe: Lukas 21, 1–4

FRAGEN FÜR DAS GESPRÄCH

1. Auf welche Lehren Jesu habe ich versucht, mein Leben zu bauen? Wie haben sie mir geholfen, die „Stürme" meines Lebens zu überstehen?

2. Wie erfahren wir das Gebet als eine Zeit des Nachdenkens über unser Leben im Licht der Lehren Jesu?

3. Welche Möglichkeiten gibt es, mit anderen ins Gespräch zu kommen, um ihnen größere Weisheit zu vermitteln?

Jesus als Sechser

Verkörperung von Treue

Jeder Typus des Enneagramms definiert das Menschsein unter einem anderen Gesichtspunkt. „Zu sein" kann heißen, „vollkommen zu sein" (Eins), „hilfreich zu sein" (Zwei), „erfolgreich zu sein" (Drei), „etwas Besonderes zu sein" (Vier), „weise zu sein" (Fünf), „verantwortlich zu sein" (Sechs), „froh zu sein" (Sieben), „stark zu sein" (Acht) oder „zufrieden zu sein" (Neun). Es hängt maßgeblich von unserem eigenen Selbstverständnis ab, wie wir uns grundsätzlich verhalten und welche Einstellungen wir haben, und das macht dann das aus, was wir unseren Charakter nennen. Unser Verhalten macht also deutlich, was wir von uns selbst denken. Das trifft ganz besonders deutlich auf Sechser zu. Für sie ist der Inbegriff dessen, wer sie sind und was sie tun, das Übernehmen von Verantwortung und das Festhalten an der Treue.

Sechser haben das Gefühl, das Leben sei voller Ansprüche an sie. Sie verbringen ihre Tage mit dem Versuch, allen diesen Ansprüchen gerecht zu werden. Sie sind davon überzeugt, daß das Leben sie zur Verantwortung für all das zieht, was von ihnen erwartet wird.

Jesus verfügte über ein solches Verantwortungsgefühl. Der stärkste Ausdruck dafür, daß er sich bis zum Letzten einsetzen wollte, war seine Bereitschaft, sich ans Kreuz schlagen zu lassen. Selbst als er schon am Kreuz hing, fuhr er noch fort, die Verantwortung wahrzunehmen, in die er sich genommen fühlte. Ein Beispiel dafür

89

sind die Worte, die er vom Kreuz herab an seine Mutter und an seinen Jünger Johannes richtete:

> Bei dem Kreuz Jesu standen seine Mutter und die Schwester seiner Mutter, Maria, die Frau des Klopas, und Maria von Magdala. Als Jesus seine Mutter sah und bei ihr den Jünger, den er liebte, sagte er zu seiner Mutter: Frau, siehe, dein Sohn! Dann sagte er zu dem Jünger: Siehe, deine Mutter! Und von jener Stunde an nahm sie der Jünger zu sich.
>
> (Johannes 19,25–27)

Als er wußte, daß er bald sterben werde, schaute Jesus vom Kreuz herab und bat Johannes, an seiner Stelle für seine Mutter da zu sein. In der damaligen Gesellschaft war einer, der der einzige Sohn war, für seine verwitwete Mutter besonders verantwortlich. So vermachte Jesus seiner Mutter das einzige Erbe, über das er verfügte: seinen Jünger und die Liebe und Fürsorge, die er ihr um seinetwillen erweisen würde.

Auch für seine Jünger, die er verwaist zurückließ, empfand Jesus Verantwortung und nahm diese wahr. Sie hatten alles verlassen, um ihm nachzufolgen. Sogar ihr Familienleben hatten sie auf seine Aufforderung hin aufgegeben. Nun sollten sie verlassen dastehen. So viele hatten sich ihm angeschlossen, und plötzlich sollte ihnen ihr Mittelpunkt fehlen. Sogar viele seiner weiblichen Anhängerinnen waren aus Galiläa nach Jerusalem gekommen, um während der Festtage bei ihm zu sein. Und jetzt sollte er ihnen plötzlich entrissen werden! Am Abend des Donnerstag sollte er noch wie immer mitten unter ihnen sein, aber bis Mittag des folgenden Tages würde er schon am Kreuz hängen. Wenige Stunden später würde man seinen Leichnam ins Grab legen.

An diesem Donnerstagabend hatte Jesus seine Verhaftung und seinen Tod vorausgeahnt. Er hatte gewußt, daß dies sein letztes Abendmahl mit seinen Jüngern sein würde. Während des Abendmahls hatte er ihnen klar gemacht, daß er sterben und sie verlassen werde. Der Grund dafür, daß er sich von seinen Feinden ergreifen lasse, sei der Wille seines Vaters, der darin bestehe, daß er sein Leben für seine Jünger hingebe. Sie sollten nicht meinen, sie seien im Stich gelassen. Er wollte ihnen ins Haus seines Vaters vorausgehen und dort für immer eine Wohnung für sie bereiten. Für jeden würde da genügend Platz sein. Später, wenn sie sterben würden, würde er kommen und sie holen, dorthin, wo auch er sei, an den für sie bereiteten Platz, so daß sie für immer bei ihm und beieinander sein würden (Johannes 14, 1–3).

Jesus zeigte also seine felsenfeste *Treue* zu seiner neuen Familie von Brüdern und Schwestern. Er konnte ihnen bei sich eine Stätte bereiten, so wie sie ihm in ihren Herzen eine Stätte bereitet hatten. Sein Tod würde für sie und für ihn schrecklich sein, und es würde sehr schmerzlich sein, einander zu verlassen, aber in Wirklichkeit erwies er ihnen die größte Liebe, die man überhaupt Freunden erweisen kann: für sie zu sterben und ihnen durch den Tod hindurch das Leben in einer ewigen Gemeinschaft mit ihm zu eröffnen. Er bat sie, fest an seine Treue zu ihnen zu glauben.

Jesus nannte dieses Vertrauen auf seine Treue *Glauben*. Er sagte seinen Jüngern, daß sie, genau wie sie an Gott glaubten, auch an ihn glauben sollten (Johannes 14,1). Das Vertrauen auf Jesu Treue zu seinen Jüngern wurde der Schlüssel zum Heil. Alles sollte in Zukunft darauf ankommen, daß sie glaubten, er werde sein Wort halten und ihr Retter werden. Ja, er sagte ausdrücklich: „Wenn ihr mich liebt, dann vertraut mir!"

Die Treue Jesu zeigt sich auch darin, daß er sich Gottes Willen, er solle die ganze Schrift erfüllen, unterwarf. Er ließ sich ans Kreuz hängen, um zu erfüllen, was die

Schrift von ihm vorausgesagt hatte (Johannes 19,28–30). Zu den Verheißungen der Schrift gehörte auch, daß er Gottes besonderes Geschenk an Israel sei. Obwohl sein Herz für die ganze Welt offen war, beschränkte er sich darauf, seine Gaben und Kräfte für sein eigenes Volk einzusetzen. Erst seinen Aposteln gab er den Auftrag, in die ganze Welt hinauszugehen. Als Jesus zum Beispiel hörte, daß Griechen mit ihm sprechen wollten, kam ihm nicht der Gedanke, mit ihnen vor seinem drohenden Tod zu fliehen, sondern er sah das vielmehr als Zeichen, daß er sich nun in den Tod geben solle (Johannes 12,20–23), denn nur dann würde das Heil zu allen Völkern kommen können.

Jesus erfüllte nicht nur treu die messianischen Verheißungen der Schriften, sondern er bestand auch darauf, das jüdische Gesetz treu einzuhalten. Er äußerte, niemand werde ihn jemals irgendeiner Sünde überführen können (Johannes 8,46). Er war gemäß dem Gesetz beschnitten worden und dadurch den jüdischen Gebräuchen unterworfen. Paulus sagte deshalb, Jesus sei „geboren von einer Frau und dem Gesetz unterstellt" (Galater 4,4).

Die Falle des Legalismus

Wie Jesus sind auch Sechser sehr treue, loyale Menschen. Die Kehrseite dieser Gabe ist ein zu starkes Verhaftetsein an Gesetze und Vorschriften. Das kann in der Religion zur übermäßigen Gesetzestreue, also zum Legalismus führen. Man meint dann, wenn man alle Gebote bis ins Detail einhalte, dürfe man sicher damit rechnen, von Gott geliebt zu sein. Unterstellt wird dabei, unsere Beziehung zu Gott beruhe im Wesentlichen auf dem Einhalten von Geboten. Statt ein Mittel zu sein, um Gott die Ehre zu geben und ihn zu lieben, wird dann die äußere Beobachtung eines Gesetzes zum Selbstzweck. Wenn man das und das Gebot treu einhält – zum Beispiel das Gebot der Sonntagsheiligung oder seine Pflicht, den Gottesdienst zu besuchen –, dann meint man, man sei mit Gott im Reinen. Dieser Legalismus kann leicht in *Selbstgerechtigkeit* abgleiten. Wenn unsere Heilssicherheit darauf beruht, daß wir die Gesetze unserer Religion genau beobachten, nimmt uns andererseits jeder ernsthafte *Ausrutscher* die innere Sicherheit, im Heil zu sein. Die Folge ist womöglich, daß wir gar keine wirkliche Sünde in unserem Leben mehr wahrhaben wollen, denn das würde uns in völlige *Unsicherheit* stürzen. Sollte uns jemand darauf aufmerksam machen, daß wir in irgendeinem Punkt unsere Pflicht sträflich vernachlässigen, so hätten wir dann das starke Bedürfnis, dies abzustreiten oder uns dadurch zu verteidigen, daß wir auf andere verweisen, die ja viel schlimmer seien als wir. Wenn wir der festen Überzeugung sind, als *Sünder* könnten wir nicht gerettet werden und trotzdem in Frieden leben wollen, bleibt uns nichts anderes übrig, als unser Sündigsein zu verdrängen.

Der Legalismus in der Religion kann auch dazu führen, daß man sich an irgendeine Autoritätsfigur klammert, um Sicherheit zu finden. Da wir uns oft damit schwer tun, genau zu unterscheiden, was für uns richtig oder falsch ist, halten wir Ausschau nach abstrakten Gesetzen und finden unsere Sicherheit darin, daß eine Autorität von außen her für uns entscheidet, was wir tun sollen. Wir meinen dann, wenn wir uns genau an die Weisungen der Autoritätsfigur hielten, könnten wir uns in Sicherheit wiegen. Und da wir uns gehorsam der Autorität unterstellt haben, schließen wir daraus, Gott könne uns unmöglich etwas vorwerfen.

Sucht jemand seine letzte Sicherheit in der äußeren Gesetzesbeobachtung, so hat er natürlich eine starke Abneigung gegen jede Gesetzesänderung. Da seine solide Beziehung zu Gott auf klaren gesetzlichen Regelungen beruht, muß unvermeidlich jeder Gedanke an die Veränderung dieser Gesetze Ängste auslösen. Absolute Dinge kann man nun einmal nicht einfach willkürlich ändern. Aus diesem Grund mußte Jesus im Rahmen einer Gesetzesreligion als ungemein gefährlich erscheinen. Er verkündete eine Veränderung, und diese Veränderung bestand darin, eine ganz neue Art der Beziehung zu Gott zu finden. Die damaligen religiösen Pflichten hatten zu einem System geführt, das in Beziehung zu Gott Sicherheit versprach. Diese Pflichten stellten eine beträchtliche Last dar, und natürlich waren die Vertreter dieses Systems alles andere als begeistert, womöglich das ganze ausgeklügelte System über den Haufen werfen oder noch weitere Pflichten auf sich nehmen zu müssen. Zudem hätte eine Änderung doch bedeutet, daß sie bisher in ihrer Beziehung zu Gott falsch gehandelt hatten, was sie natürlich ebenfalls verunsichern mußte.

Ein Beispiel aus unserer Zeit für diese Denkungsart ist, wenn Katholiken fragen: „Was ist jetzt mit den Sünden all derer, die damals, als das Freitagsgebot noch bestanden hat, am Freitag Fleisch gegessen haben? Wie kann etwas, das einmal eine Sünde war, plötzlich keine mehr sein?" Bei der Beantwortung dieser Frage muß man vorsichtig sein, um nicht das frühere Gebot einfach lächerlich zu machen; gleichzeitig muß man jedoch zeigen, daß unser Heil nicht von der äußeren Beobachtung bestimmter Gebote abhängt. Das kann für einen Menschen sehr verwirrend sein, der zu einer Zeit in der Kirche aufgewachsen ist, in der die genaue Einhaltung von Gesetzen und Geboten mit äußerstem Nachdruck betont wurde.

Die Freiheit von der Knechtschaft des Gesetzes

Das Evangelium, wie es Paulus verkündet, besagt, daß wir dank des Kreuzestodes Jesu von der Knechtschaft des Gesetzes befreit sind. Paulus geht so weit, daß er sagt, wenn die äußere Gesetzesbeobachtung unser Heil bewirken könnte, dann „wäre Christus vergeblich gestorben" (Galater 2,21). Die Botschaft des Paulus über Gesetz und Gnade war für die Christen aller Zeiten nicht leicht zu verstehen, aber es ist der Mühe wert, um deren Verständnis zu ringen, denn letztlich geht es dabei um unsere Heilsgewißheit. Wer diese Gewißheit auf ein falsches Fundament baut, bekommt früher oder später in seinem Leben enorme Schwierigkeiten. Paulus meint, daß Jesus deshalb am Kreuz für uns sterben mußte, damit wir unsere Sicherheit aus dem Vertrauen in Gottes unendliche Gnade schöpften, statt diese Sicherheit auf unsere Gesetzesbeobachtung zu gründen.

Um die Deutung des Evangeliums durch Paulus besser zu verstehen, kann es hilfreich sein, genauer den Unterschied zwischen dem „Geist des Gesetzes" und dem „Buchstaben des Gesetzes" herauszuarbeiten. Wer sich an den *Geist* des Gesetzes hält, der ist der Überzeugung, Gesetze seien nur *Mittel* zum Zweck einer guten Beziehung zu Gott. Wer sich dagegen an den *Buchstaben* des Gesetzes hält, meint, Gesetze seien an und für sich ein *Ziel*, und wir würden danach beurteilt, wie weit wir dieses Ziel erreicht haben. In den Augen von Paulus würde diese letztere Auffassung ein schweres Hindernis dafür darstellen, überhaupt in eine persönliche Beziehung zu Gott zu kommen. Wir sehen das am Beispiel derer, die sich gegen Jesus verschworen und seinen Tod herbeigeführt haben. Das waren gesetzestreue Menschen, die sich auf ihre Gesetzestreue etwas einbildeten, und nicht etwa gesetzlos lebende Zöllner und Dirnen.

Der Geist des Gesetzes korrigiert den Buchstaben des Gesetzes auf zweifache Weise. Solange man Gesetze als Ziel an sich betrachtet, besteht zunächst einmal die Tendenz, alle Gesetze für gleich wichtig zu halten – denn ganz gleich, welches Gesetz man übertritt, man ist dem Gesetzgeber gegenüber ungehorsam. Jesus dagegen lehrte, nicht alle Gesetze seien gleich wichtig. Zu den Schriftgelehrten und Pharisäern sagte er, es gebe „das Wichtigste im Gesetz", und das ließen sie außer acht: „Gerechtigkeit, Barmherzigkeit und Treue" (Matthäus 23,23). Außerdem betonte er immer wieder, die Liebe zu Gott und zum Nächsten sei „das wichtigste und erste Gebot", an dem „das ganze Gesetz samt den Propheten" hänge (Matthäus 22,38–40).

Eine zweite Hinsicht, unter der der Geist des Gesetzes den Buchstaben des Gesetzes korrigiert, ergibt sich aus der Tatsache, daß der Gehorsam gegen Gebote nicht unsere Vereinigung mit Gott bewirkt. Wie Jesus uns gelehrt hat, erwächst unser Einssein mit Gott daraus, daß er unser Vater ist. Das heißt, unsere Erlösung gründet sich auf die Gnade, auf das Geschenk, daß Gott uns als seine Söhne und Töchter adoptiert hat. Wenn wir nun aber unsere Beziehung zu Gott als ein Geschenk der Gnade ansehen und nicht als Lohn für korrekte Gesetzesbeobachtung, dann bedeutet das, daß wir glauben, Gott liebe uns einfach so, wie wir sind – eben weil wir seine Söhne und Töchter sind. Wir sollen an seine Verheißungen glauben, die er uns in Jesus Christus gegeben hat, sollen ihm unsere Nöte vortragen, im Vertrauen darauf, daß es ihm recht ist, wenn wir uns auf ihn und seine Vorsehung verlassen. Ein solches Einssein als Kinder mit Gott als dem Vater führt uns dazu, auch unser Einssein mit anderen Menschen zu entdecken und zu vertiefen. Diese Einheit vollzieht sich aber vor allem dadurch, daß wir versuchen, uns für unser ganzes Verhalten Gottes Art zum Vorbild nehmen. Wir sollen die anderen so lieben, wie er sie liebt, sollen auf ihre Ängste so hören und ihren Bedürfnissen so entsprechen, wie Gott das tut. Wir sollen sogar denjenigen gegenüber seine Güte erweisen, die uns verletzen oder Angst machen, gemäß dem Wort Jesu: „Liebt eure Feinde und betet für die, die euch verfolgen" (Matthäus 5,44 ff.)

Da die Beobachtung von Gesetzen Gott die Ehre gibt und die Rechte anderer anerkennt, ist das Festhalten an den Geboten ein Ausdruck unserer Liebe zu Gott und zum Nächsten. Deshalb hat Jesus gesagt, „das ganze Gesetz samt den Propheten" hänge am Doppelgebot der Gottes- und Nächstenliebe (Matthäus 22,34–40). Aber die Liebe geht weit darüber hinaus: Die Liebe zu lernen heißt, eine Beziehung von Herz zu Herz zu finden. Das ist etwas ganz anderes als das Erfüllen von Vorschriften. Andererseits geht es nicht bloß darum, sich von Gefühlen leiten zu lassen. Zur Liebe gehört der bewußte Entschluß, für den anderen da zu sein und sein Leben mit ihm zu teilen. Sie schließt Offenheit, Vertrauen und Verläßlichkeit ein. Da es Jesus um das Vertrauen ging, als er seine Jünger aufforderte, an ihn zu glauben, können wir schließen, daß das Vereintsein mit Gott im Einssein mit Jesus bedeutet: Wir müssen lernen, an sein Wohlwollen für uns zu glauben. Er möchte, daß wir ihn lieben, indem wir an die Treue zu seinem Bund mit uns glauben, so wie ein treuer Ehemann sich das Vertrauen seiner Frau wünscht. Jesus hat gesagt, wir könnten voll auf ihn als unseren Freund vertrauen, solange wir sein besonderes Gebot befolgen, daß wir einander lieben (Johannes 15,12–14). Dadurch halten wir uns an den Bund mit ihm, uns als seine Jünger zu erweisen. Wenn diese Grundlage, daß wir unser Leben mit ihm teilen, unerschütterlich steht, sind die moralischen Fehler, die wir machen, nicht mehr von ausschlaggebender Bedeutung.

Ich gehe, euch eine Stätte zu bereiten: Johannes 14,1–4
Ich nenne euch Freunde: Johannes 15,9–17
Durch den Glauben sind wir gerettet: Galater 2,15–21
Ahmt Gott als seine Kinder nach: Epheser 5,1–20

FRAGEN FÜR DAS GESPRÄCH

1. Wo sehen wir in unserer Religionsgemeinschaft den *Legalismus* am Werk, und welche Folgen hat er?
2. Auf welche Weise war bisher die *Selbstgerechtigkeit* ein Problem in unserem Leben?
3. Wie sieht unsere Erfahrung der *Sicherheit* aus, die wir empfinden, weil Gott uns als seine Söhne und Töchter angenommen hat?

Verkörperung von Heiterkeit

Wie alle Siebener, war Jesus ein *heiterer* Mensch. Er wußte, daß unser Schöpfer das Leben erschaffen hat, damit wir uns seiner erfreuen. Schon von Anfang seines öffentlichen Wirkens an sehen wir Jesus gern zu Feiern und Festmählern gehen, wie zum Beispiel zur Hochzeit von Kana:

Am dritten Tag fand in Kana in Galiläa eine Hochzeit statt, und die Mutter Jesu war dabei. Auch Jesus und seine Jünger waren zur Hochzeit eingeladen.

Als der Wein ausging, sagte die Mutter Jesu zu ihm: Sie haben keinen Wein mehr.

Jesus erwiderte ihr: Was willst du von mir, Frau? Meine Stunde ist noch nicht gekommen.

Seine Mutter sagte zu den Dienern: Was er euch sagt, das tut!

Es standen dort sechs steinerne Wasserkrüge, wie es der Reinigungsvorschrift der Juden entsprach; jeder faßte ungefähr hundert Liter. Jesus sagte zu den Dienern: Füllt die Krüge mit Wasser!

Und sie füllten sie bis zum Rand. Er sagte zu ihnen: Schöpft jetzt, und bringt es dem, der für das Festmahl verantwortlich ist.

Sie brachten es ihm. Er kostete das Wasser, das zu Wein geworden war. Er wußte nicht, woher der Wein kam; die Diener aber, die das Wasser geschöpft hatten, wußten es. Da ließ er den Bräutigam rufen und sagte zu ihm: Jeder setzt zuerst den guten Wein vor und erst, wenn die Gäste zuviel getrunken haben, den weniger guten. Du jedoch hast den guten Wein bis jetzt zurückgehalten.

So tat Jesus sein erstes Zeichen, in Kana in Galiläa, und offenbarte seine Herrlichkeit, und seine Jünger glaubten an ihn.

(Johannes 2, 1–11)

Das Johannesevangelium läßt das öffentliche Auftreten Jesu damit beginnen, daß er auf einem Hochzeitsfest Wasser in Wein verwandelt. Dieses erste Zeichen ist vielsagend. Später sollte Jesus äußern, er sei gekommen, damit die Menschen „das Leben haben, und es in Fülle haben" (Johannes 10, 10). Zu diesem randvollen Leben gehörten – wenn man die Geschichte des Auftretens Jesu betrachtet – auch viele festliche Zusammenkünfte und Feiern.

In Kana griff Jesus ein, um das Fest zu retten. Sein Wunder deutete auf das kommende Gottesreich hin, war gedacht als Vorgeschmack der Fülle, die der Messias bringen wird. Fünf- bis sechshundert Liter Wein sind eine gewaltige Menge, und dazu war es noch ein Spitzenwein. Eine solche „Verwandlung" war ein Zeichen für die überfließende Liebe Gottes, die Jesus brachte: Niemand kann Gott je an Großzügigkeit übertreffen. Selbst wenn wir erst in der kommenden Welt die Fülle dieser Liebe so richtig erfahren können, ist es doch schon möglich, gleich jetzt damit anzufangen, sie zu genießen. Jesus jedenfalls nahm schon das ewige Festmahl vorweg und wollte auch die Gäste zu Kana schon auf der Stelle daran teilhaben lassen.

Natürlich gibt es fromme Leute, die es skandalös finden, ein derartiges reichliches Weintrinken und ausgiebiges Speisen auch noch zu unterstützen; vor allem solche, die den Anspruch erheben, von Gott gesandte Propheten zu sein, können das kaum verstehen. Tatsächlich war schon damals einer der ersten Kritikpunkte an Jesus, er halte sich zu gern bei Gastmählern auf. Nach dem Abschiedsessen, das der Zöllner Matthäus gab, um sich von da an als Jünger Jesus anzuschließen, sprachen einige Leute Jesus offen auf diese seine Vorliebe für das Essen und Trinken an. Sie hielten ihm vor, Johannes der Täufer und die Pharisäer leiteten die Leute doch zum Fasten an. Jesus gab zur Antwort, solange er noch bei ihnen sei, hätten sie doch allen Grund zum Feiern; er sei schließlich wie eine Art Bräutigam unter ihnen. Es würden „aber Tage kommen, da wird ihnen der Bräutigam genommen sein; dann werden sie fasten" (Matthäus 9,15). Wenn Jesus ganz nahe bei ihnen ist, ist das für die Menschen ein besonderes Glück, und dieses Glück sollten sie auch feiern. Außerdem fand Jesus dieses Feiern wohl auch deshalb angebracht, weil er ja schließlich eine frohe, und nicht eine traurige Botschaft brachte.

Das Zeichen des messianischen Überflusses an Nahrung konnten die Menschen auch bei Jesu Vermehrung von Brot und Fisch in der Wüste erfahren (Markus 6,35–44; 8,1–10). Diese Geschichte hat einen deutlichen Anklang an die Eucharistiefeier. Später fragte Jesus seine Jünger, ob sie begriffen hätten, was die vielen Körbe voller Speisereste bedeuteten (Markus 8,19.21): Man kann sich im Glauben ganz darauf verlassen, daß Gott für alles Sorge tragen, ja oft sogar alles im Überfluß besorgen wird. Jesus spielte auch auf diesen Überfluß an, als er beim letzten Abendmahl Brot und Wein als Zeichen seines Leibes und seines Blutes einsetzte, zum Sakrament dafür, was sein Tod für uns bedeuten werde. Als seine Nachfolger sollten wir allezeit von der menschlichen Gegenwart Jesu zehren können, bis ans Ende der Zeit, und diese Nahrung sollte uns die Freude des ewigen Lebens sichern (Johannes 6,54).

An Jesus beobachten wir, daß er mit Optimismus besssere Zeiten erwartet, weil uns ja das Kommen des Reiches Gottes versprochen ist. Ihm liegt sehr daran, allen Menschen zu sagen, daß es Gottes Absicht ist, uns allen die Freude am Leben in einer Gemeinschaft zu schenken, die alle umfaßt, und er vergleicht diese Gemeinschaft mit einem ewig andauernden Hochzeitsfest. Daher ist die gemeinschaftliche Feier zur Hauptform des christlichen Gedächtnisgottesdienstes an Jesu Tod geworden. Der vorchristliche Gottesdienst bestand daraus, etwas zu zerstören oder zu töten, um es rituell Gott darzubringen; an seine Stelle trat ein rituelles Mahl, zu dem sich alle um einen Tisch versammeln. In späteren Zeiten gab es eine Tendenz unter den Christen, das festlich Frohe zurückzudrängen und den Gottesdienst zu einer eher asketischen, im Zeichen des Opfers stehenden Handlung zu machen. Der große Eßtisch wurde durch einen steinernen Altar ersetzt, statt Stühlen wurden Kniebänke eingeführt. Der Brauch, daß alle Anwesenden aus dem Kelch tranken, wurde verpönt, und statt miteinander ein richtiges Brot zu brechen und zu teilen, ging man zur Verwendung von geschmacklosen, papierartigen Hostien über. Oft war das bißchen Wein, das der Priester allein noch trank, bitter – vielleicht, um dem Sakristan das Nippen daran zu vergällen –, und niemand fand etwas dabei, statt frischen Brotes abgelagerte Hostien zu konsekrieren. Es wurde sogar üblich, daß die Laien die Kommunion nur noch ein- oder zweimal im Jahr empfingen. An die Stelle der häufigen Kommunion trat das Beten von Andachtstexten zur „Geistlichen Kommunion", und das konsekrierte Brot wurde in eine Monstranz gesetzt und verehrt, statt gegessen zu werden. Kein Wunder, daß wir eine liturgische Bewegung brauchten, die die Frage aufs Tapet brachte: „Was ist aus unserer Gemeinschaftsfeier geworden?"

Warum sollte die eucharistische Liturgie nicht etwas

Frohes, Mitreißendes an sich haben? Sie kann dazu werden, wenn wir wieder das Zeichen Jesu von der messianischen Fülle aufgreifen und die Botschaft, daß das Reich Gottes bedeutet, Menschen um einen Tisch zu versammeln und gemeinsam ein Fest zu feiern, wieder buchstäblicher nehmen. Wenn wir uns dagegen Gott als strengen Gesetzgeber und spröden Richter vorstellen, ist es kein Wunder, daß wir auch den Gottesdienst als die Erfüllung einer gesetzmäßigen Pflicht betrachten, bei der es anscheinend darum geht, Gott etwas zum Opfer zu bringen. Wird der Gottesdienst erst einmal als „Opfer" aufgefaßt, dann verbindet sich in unserer Vorstellung damit unvermeidlich die Vorstellung eines Verlusts, und folglich, daß Liturgie eine traurige und mühsame Angelegenheit sein müsse. Es gibt allerdings auch einen anderen Opferbegriff, der ganz im Sinne der christlichen Tradition ist und den bereits der heilige Augustinus verwendet. Hier bedeutet Opfer *alles, was dazu dient, uns mit Gott zu vereinen.* Da es Gottes Wunsch ist, daß wir ganz persönlich mit ihm eins werden, besteht das „Opfer" in irgendeiner Form des persönlichen Teilens miteinander. Personen werden dadurch miteinander eins, daß sie einander Anteil an sich selbst geben. Gott schenkt uns in der Eucharistie Anteil an sich selbst, und wir erwidern diese Gabe mit einer frohen Dankesfeier. Diese Feier gleicht am ehesten einer Hochzeitsfeier, und folglich ist die Hochzeitsfeier das beste Vorbild für den christlichen Gottesdienst. Mit frohem Feiern geben wir Gott am überzeugendsten die Ehre, denn dann wird jene Freude sichtbar, die sein besonderes Geschenk für sein messianisches Volk ist.

Siebener werden das bis hierher Gesagte sehr begrüßen, denn Siebener sind ohnehin geneigt, das Leben als eine einzige große Party zu betrachten. Allerdings kommt dabei auch ihr Schatten ins Spiel, wenn sie alle Mühseligkeiten des Lebens überspielen und allem aus dem Weg gehen wollen, was schmerzlich und schwer zu tragen ist. Vermutlich war ihnen einen warme, geborgene Kindheit geschenkt, und sie möchten, daß alles im Leben angenehm bleibt, auch nachdem sie erwachsen geworden sind. Sie mögen es nicht, wenn eine Situation allzu ernst wird; spüren sie, daß sie sich dahin entwickelt, dann erzählen sie schnell irgendeine lustige Geschichte oder schlagen vor, daß jetzt alle miteinander Eis essen gehen. Siebener meinen, irgendwie sollte alles, was man tut, Spaß machen.

Die Folge ist, daß ihnen jede Art von Schmerz als ein Übel gilt, dem man aus dem Weg gehen muß. Diese Haltung äußert sich bei Siebenern zum Beispiel darin, daß sie Unangenehmes vor sich her schieben. Es macht Spaß, Pläne zu schmieden, aber da deren Verwirklichung gewöhnlich mühsam ist, vertagen sie diese, sehr zur Enttäuschung derer, die von ihnen erwartet hatten, daß sie ihren Teil dazu beitrügen. Genau genommen ist jede Art Konsequenz und Disziplin, selbst das Bestehen auf einem Tagesordnungspunkt bei einer Versammlung, mehr oder weniger etwas Mühsames, und so neigen Siebener dazu, sich darum drücken. Dabei geht es ihnen immer darum , das Leben für jedermann angenehm zu machen. Siebener haben den Hang zum übermäßigen Essen und Trinken, denn sie wollen das Leben genießen. Oft sucht sich ein Siebener-Mann eine Einser- oder Sechser-Frau. Seine gutmütige Art wirkt auf diesen Frauentypus anziehend, weil solche Frauen jemanden brauchen, der ihnen dabei hilft, es sich gut gehen zu lassen. Allerdings besteht beim Siebener die Tendenz, keinen ausgeprägten Sinn für Nähe und Intimität zu haben. Zudem spielt er gern die Rolle des ewigen „großen Buben", der es seiner Frau überläßt, die Rechnungen zu bezahlen und sich über die für ihn bekömmliche Diät den Kopf zu zerbrechen. Sie erreicht ein reifes, hohes Alter – allerdings als Witwe, denn er stirbt schon in mittleren Jahren infolge seines Übergewichts ...

Sich Belastungsproben und Schwierigkeiten stellen

Da Siebener eigentlich immer Freude am Leben haben möchten, übersehen sie gern die Leiden anderer Menschen. Auf sie trifft ganz gut das Bild vom reichen Mann in einem Gleichnis Jesu zu, der alle Tage ein üppiges Festmahl hielt und den Armen vor seiner Tür gar nicht liegen sah (Lukas 16,19 ff.). Es gibt ungeheuer viel Ungerechtigkeit in der Welt. Wenn man die Armut und Unterdrückung, die sich aus diesem Unrecht ergeben, übersieht, erfaßt man überhaupt nicht, wozu Jesus eigentlich gekommen ist. Eine Form der Unterdrückung ist die ethnische Diskriminierung. Ihr Leben lang litten Jesus und seine Familie in irgendeiner Form unter der Vorherrschaft der Römer über Israel. Das wurde für Jesus ganz handgreiflich, als ihn der römische Statthalter Pontius Pilatus den Palastwächtern zur Geißelung auslieferte (Markus 15,15–19). Weil es hieß, Jesus behaupte, der Messias zu sein, also der verheißene König der Juden, nahmen die Soldaten dies als günstige Gelegenheit wahr, ihrem Antisemitismus freien Lauf zu lassen. Sie hängten ihm einen Purpurmantel um, krönten ihn mit Dornen und spien ihn an, um zu zeigen, wie sehr sie alle Juden verachteten. Auch Pilatus verspottete die jüdischen Führer, indem er sie fragte, ob es ihnen recht sei, wenn er ihren König ans Kreuz schlagen lasse (Johannes 19,15). Wäre Jesus wie er ein römischer Bürger gewesen, so hätte er ihn nie zum Tod verurteilt. Da Jesus sich im klaren darüber war, daß die Römer ihn zum Objekt ihres Antisemitismus machten, sagte er zu den Frauen von Jerusalem, die über ihn weinten, als sie ihn das Kreuz tragen sahen, sie sollten besser über sich selbst und ihre Kinder weinen (Lukas 23,28). Damit deutete er an, daß sein Leiden nur der Anfang ihrer Verfolgung durch die Römer sei, die über die Juden in ihrer Hauptstadt hereinbrechen werde. Mit seinem Ausspruch: „Wenn das mit dem grünen Holz geschieht, was wird dann erst mit dem dürren werden?" (Lukas 23,31) wollte er sagen: Wenn sie mir schon jetzt, wo die Stadt noch friedlich daliegt, so Schlimmes antun – was werden sie erst mit euch machen, wenn in der Stadt Aufruhr herrscht?

Das Bemühen, sich möglichst nur auf der Sonnenseite des Lebens zu bewegen, kann Siebener dazu verführen, nicht nur das Unrecht in der Welt zu übersehen, sondern auch, im Vergnügen eine falsche Sicherheit zu suchen. Jesus weist uns darauf hin, daß wir uns den Belastungsproben des Lebens stellen müssen, wenn wir zu seiner Tiefe finden wollen. Wer immer nur versucht, allem Schmerzlichen aus dem Weg zu gehen, der könnte am Ende die wahre Lebensfreude gar nicht kennenlernen. Alles wirklich Gute kostet seinen Preis. Jesus verglich die Schmerzen, die seine Jünger seinetwegen würden erdulden müssen, mit den Geburtswehen einer Mutter. „Wenn die Frau gebären soll, ist sie bekümmert, weil ihre Stunde da ist; aber wenn sie das Kind geboren hat, denkt sie nicht mehr an ihre Not über der Freude, daß ein Mensch zur Welt gekommen ist" (Johannes 16,21). Jesus verglich sein Leiden und Sterben mit dem Samenkorn, das in die Erde geworfen wird. Solange das Samenkorn nicht sterbe, bleibe es allein, wenn es jedoch sterbe, bringe es reiche Frucht (Johannes 12,24). Die Briefe des Paulus sind voller Ermahnungen, wir sollten alles Anstrengende und Schwere in unserem Leben annehmen, um das Gute zu erreichen. Im Timotheusbrief heißt es: „Dafür arbeiten und kämpfen wir, denn wir haben unsere Hoffnung auf den lebendigen Gott gesetzt ..." (1 Timotheus 4,10). An die Römer schrieb Paulus, sie sollten sich über ihre Bedrängnis freuen, „denn wir wissen: Bedrängnis bewirkt Geduld, Geduld aber Bewährung, Bewährung Hoffnung" (Römer 5,3f.).

Eine der besten Darstellungen, wie sich heutzutage das Pascha-Mysterium überzeugend und fruchtbar ins Leben umsetzen läßt, bietet die schöpfungsorientierte Spiritualität, vor allem wie sie Matthew Fox in seinem Buch „Der große Segen"* umrissen hat. Unsere Spiritualität muß damit anfangen, am Leben Freude zu haben und in Dankbarkeit alles zu genießen, was uns geschenkt ist. Die Güte des Erschaffenen nicht zu schätzen hieße, dem Schöpfergott gegenüber undankbar zu sein. Doch dann kommt die Zeit, wo wir Widerwärtigkeiten erfahren und uns einiges von dem Guten, das uns geschenkt ist, weggenommen wird. Diese Prüfungen sind eine Zeit der Gnade; wir spüren darin unsere Berufung zum „Loslassen", um uns ganz der Hand Gottes anzuvertrauen, genau wie Ijob, der zu seiner Frau gesagt hat: „Der Herr hat gegeben, der Herr hat genommen; gelobt sei der Name des Herrn" (Ijob 1,21). Durch dieses Annehmen von *Verlust* hindurch kann die Gnade Gottes in uns eine neue Kreativität wecken, die wie eine Art Auferweckung ist. Wenn wir dann diese neue Kreativität zusammen mit anderen entfalten und fruchtbar werden lassen, können wir zum Werkzeug Gottes werden, mit dem er die Welt verwandelt.

---

* Matthew Fox, Der große Segen, Claudius Verlag, München 1991 (Originalausgabe: Original Blessing, Santa Fe 1983)

Von dieser Umwandlung der Welt ins Reich Gottes sagten die Propheten des Alten Testaments, sie sei der große Wunsch Gottes, und sie malten seine Verwirklichung in plastischen Bildern aus. Gott werde seine Boten an alle Völker aussenden, und alle sollten zu Gottes heiligem Berg ziehen und alle Reichtümer ihrer eigenen Kultur mitbringen. Dann werde Gott alle Völker segnen und sie einladen, sich alle zusammen mit ihm an den Tisch zu setzen, den er selbst ihnen bereitet habe. Während dieses riesigen Festmahls werde Gott allen Zwist unter den Völkern schlichten. Sie alle würden dann beschließen, ihre Waffen einzuschmelzen und aus dem Metall Ackergerät zu schmieden. Dann werde ewiger Friede geschlossen, und „man zieht nicht mehr das Schwert, Volk gegen Volk, und übt nicht mehr für den Krieg" (Jesaja 2,4).

MEDITATIONSTEXTE

Die Fastenfrage: Matthäus 9,14–17

Jesus, das Brot des Lebens: Johannes 6,25–59

Jesus nimmt den Tod an wie das Weizenkorn:
    Johannes 12,20–33

Die Vision vom ewigen Frieden: Jesaja 2,1–4

FRAGEN FÜR DAS GESPRÄCH

1. Wie habe ich schon erfahren, daß Jesus meine eigenen Pläne durchkreuzt und sie mit den seinigen weit überbietet?

2. Kenne ich Menschen, die besonders unbeschwert und lebensfroh sind? Was läßt sie so sein?

3. Habe ich in meinem Leben schon erfahren, daß es stimmt, daß man das Leiden nicht um jeden Preis vermeiden soll? Inwiefern hat sich aus Schwerem, das ich schon durchgemacht habe, etwas Gutes ergeben?

Verkörperung von Durchsetzungsvermögen

Achter sind stolz darauf, *starke Persönlichkeiten* zu sein. Die Geschichten der Bibel sind voller solcher Helden und Heldinnen. Schon im Alten Testament begabte der Geist Gottes Propheten und Könige mit außergewöhnlicher Stärke. Man kann da an den jungen David denken, der dem mächtigen Goliath mit einer Schleuder gegenübertrat, oder an Judith, die allein ins Lager der Feinde zog und dem General Holofernes mit seinem eigenen Schwert den Kopf abschlug. Im Neuen Testament hören wir von Paulus, der gesteinigt wurde, dann aufstand, seine Kleider ausschüttelte und wieder in die Stadt ging. Vor allen anderen begegnen wir natürlich darin Jesus als starker Persönlichkeit.

Jedes christliche Kind kennt die Geschichte, wie Jesus seine Stärke zeigt, indem er die Geldwechsler aus dem Tempel jagt. Das Johannesevangelium erzählt diese Begebenheit schon für die Frühzeit des öffentlichen Auftretens Jesu:

Das Paschafest der Juden war nahe, und Jesus zog nach Jerusalem hinauf. Im Tempel fand er die Verkäufer von Rindern, Schafen und Tauben und die Geldwechsler, die dort saßen. Er machte eine Geißel aus Stricken und trieb sie alle aus dem Tempel hinaus, dazu die Schafe und Rinder; das Geld der Wechsler schüttete er aus, und ihre Tische stieß er um. Zu den Taubenhändlern sagte er: Schafft das hier weg, macht das Haus meines

Vaters nicht zu einer Markthalle! Seine Jünger erinnerten sich an das Wort der Schrift: Der Eifer für dein Haus verzehrt mich.

(Johannes 2, 13–17)

Mit seinem ausgeprägten Sinn für die Ehrfurcht vor Gott beschloß Jesus, der würdelosen Geschäftemacherei im heiligen Tempelbezirk zu Jerusalem offen die Stirn zu bieten. Anscheinend wußten diese Geschäftsleute durchaus, daß sie im Unrecht waren; sonst hätte Jesus die Händler und ihr Vieh nicht so leicht vertreiben können. Sein Handeln war offensichtlich eine prophetische Tat. Vor allem die Jünger waren davon vermutlich völlig überrascht, denn der Zorn, den Jesus hier plötzlich an den Tag legte, war ganz und gar ungewöhnlich. Später erklärten sie sein aggressives Verhalten bei dieser Gelegenheit damit, daß er die Schrift habe erfüllen wollen: Der Eifer für das Haus seines Vaters habe ihn verzehrt.

Ein anderes augenfälliges Beispiel in den Evangelien für die prophetische Stärke, mit der Jesus der offiziellen Ungerechtigkeit entgegentrat, ist seine strenge Predigt gegen die Heuchelei der Schriftgelehrten und Pharisäer (Matthäus 23, 13–36). Diese fühlten sich dadurch schwer beleidigt. Bestimmt legte Jesus seine Worte nicht auf die Goldwaage, als er sie „Heuchler" (V 15), „blinde Führer" (V 16), „übertünchte Gräber" (V 27) und „Nattern, Schlangenbrut" (V 33) nannte. Jesus zögerte nicht, das gesamte religiöse Establishment radikal in Frage zu stellen. Seine Attacke war von seiner starken Abneigung gegen Leute beseelt, die scheinheilig nur eine Rolle spielten und so taten, als seien sie fromm und gerecht. Eigentlich sollte das ganze Land an ihrem Leben ablesen können, wie Gott war und worin sein Wille bestand, aber in Wirklichkeit gebrauchten sie ihren Reichtum und ihre Bildung dazu, eigensüchtige Ziele zu verfolgen. Sie verschworen sich, um Jesus aus dem Weg zu schaffen, denn zu Recht hatten sie erkannt, daß er eine Bedrohung für alles war, was sie erreicht hatten. Jesus bemühte sich nachhaltig, sie aus ihrer Verhärtung zu erlösen, indem er versuchte, sie zur Umkehr zu bewegen. Seine Taktik bestand darin, den Starken Starkes zuzumuten und ihnen knallhart zu sagen, daß sie *blind* seien. Diese religiösen Profis gingen schließlich so weit, daß sie einen der Jünger Jesu bestachen, um ihn verhaften zu können; sie brachten vor Gericht falsche Zeugen vor, um seine Verurteilung zu erwirken, und nachdem Jesus aus dem von Soldaten streng bewachten Grab auferstanden war, bestachen sie die Soldaten, damit diese erzählten, sie seien eingeschlafen, und in der Zeit hätten die Jünger Jesu seinen Leichnam gestohlen (Matthäus 28,12 f.).

Diese Männer waren nicht nur blind; sie waren bösartig und schienen keinerlei Ehrfurcht vor Gott zu haben. Als Angehörige der reichen Oberschicht in Israel zogen sie mit ihren römischen Unterdrückern an einem Strang, um Jesus ans Kreuz zu bringen. Sie hatten den Eindruck, Jesus wiegle das Volk auf eine Weise auf, die ihre eigene bequeme Position gefährdete; diese aber stand und fiel mit der Aufrechterhaltung des *status quo*. Die Römer waren nur zu gefügig, dabei mitzumachen, obwohl Pilatus erkannte, daß Jesus keine echte Gefahr für die römische Oberherrschaft darstellte.

Jesus hielt nicht etwa den Mund bezüglich der untragbaren Zustände, die er in seiner Gesellschaft sah, weil er eben nicht über irgendwelche politische Macht verfügte, um sie abzustellen, oder aus Angst, sein Leben zu riskieren – was ja durchaus berechtigt gewesen wäre. Nein, er war der festen Überzeugung, daß man den Leuten, die für die Ungerechtigkeiten verantwortlich waren, dies offen ins Gesicht sagen sollte; andernfalls würden sie blind für ihre Sünde bleiben und weiterhin andere unterdrükken, um sich selbst Vorteile zu verschaffen. Das Unrecht nicht beim Namen zu nennen hieß, denen in die Hände zu arbeiten, die auf Böses aus waren. Paulus sagt, die Kinder des Lichts sollten alle Werke der Finsternis aufdecken (Epheser 5,11 ff.). Wer sich für böse Ziele verschwört, haßt das Licht und meidet es, denn kommt das Unrecht an den Tag, so verliert es weitgehend seine Macht; schließlich lebt das Unrecht von der Täuschung.

Jesus ist folglich ein Vorbild für alle, die einen ausgeprägten Sinn für Gerechtigkeit haben und bereit sind, das Establishment in Frage zu stellen. Solche Menschen sehen genau wie Jesus, daß diejenigen, welche Macht einsetzen, um ihre Stellung zu verteidigen oder anderen ihre Stärke zu demonstrieren, sich in Wirklichkeit aus Schwäche so verhalten. Wahre Stärke zeigt sich bei denen, die, nach den Worten Jesu, sich nicht vor denen fürchten, die den Leib töten, aber die Seele nicht töten können (Matthäus 10,28). Als seine Nachfolger sollten wir unsere Überzeugungen nicht verleugnen, selbst wenn wir um ihretwillen leiden müssen.

Stark, aber nicht rechthaberisch

Es ist sehr ehrenwert, immer bereit zu sein, dem Unrecht die Stirn zu bieten; weniger ehrenwert ist es, ständig einen Streit vom Zaun brechen zu wollen, auch wenn ein derartiges rechthaberisches Verhalten der Selbstbestätigung sehr schmeicheln mag. Achter möchten, daß andere mit ihnen verhandeln, vor allem Leute mit Macht und Autorität. Sie zanken sich gern mit anderen und sind äußerst geschickt darin, die Schwächen anderer aufzudekken, vor allem, wenn diese „Leichen im Schrank" haben, also ein Fehlverhalten verbergen und streng geheim halten. Achter finden es oft gerechtfertigt, solche Strategien einzusetzen, um die falschen Behauptungen der Mächtigen zu entlarven und ans Licht zu bringen, was sowieso viele vermuten – vor allem nämlich, daß die Mächtigen höchst selbstsüchtige Ziele verfolgen. Mit Achtern kann man oft nur schwer eine Beziehung unterhalten, weil sie dazu neigen, ihrem Gegenüber ständig auf die Füße zu treten und sich in dessen private Angelegenheiten einzumischen, ohne sich im geringsten den Kopf darüber zu zerbrechen, ob das richtig ist, was sie da tun. Sie sind der Auffassung, als starke Persönlichkeit sei man automatisch auch ein guter Mensch. Achter meinen, wenn jemand Schwierigkeiten mit ihrer Selbstsicherheit habe, sei das sein eigenes Problem.

Will man diese für Achter typische Schattenseite genauer verstehen, so ist es hilfreich, zu sehen, daß Aggressivität oft einer inneren Unsicherheit entstammt. Man kann sich ja ganz gut dadurch verteidigen, daß man andere einschüchtert. Solches Verhalten ist genau genommen natürlich ein Täuschungsmanöver, denn mit seiner Selbstsicherheit *demonstriert* man nur Furchtlosigkeit, auch wenn ein Achter vielleicht tatsächlich meint, er sei furchtlos. Geht einem jedoch auf, daß ein Achter infolge seiner heimlichen Ängste aggressiv ist, dann entdeckt man auch, wie man ihm helfen kann. Eine Möglichkeit dazu ist, sehr stark und direkt auf ihn einzugehen und dem Achter zu zeigen, daß man keine Angst vor ihm hat. Die andere Möglichkeit besteht darin, alles zu versuchen, sein Bedürfnis nach *Sicherheit* zu befriedigen, denn seine Unsicherheit ist es ja, was ihn aggressiv macht. Achtern muß man ganz besonders dabei helfen, die Liebe zu entdecken. Sie haben es vielleicht nie gelernt, eine echte Liebesbeziehung einzugehen, weil dazu ein Stück *Abhängigwerden* vom andern gehört. Für viele Achter wäre es wahrscheinlich eine große Überraschung, zu entdecken, daß sich Liebe oft darin ausdrückt, daß man dem andern *nachgibt*.

Trotz seiner starken Persönlichkeit reagierte Jesus auf das sündhafte Verhalten anderer oft eher mit Güte als mit strenger Kritik. Er verteidigte die Ehebrecherin gegen ihre Verurteilung (Johannes 8,10 f.), lud sich selbst in das Haus des bekannten Zolleintreibers namens Zachäus ein (Lukas 19,5) und schloß sich bewußt nicht dem Urteil Johannes des Täufers über das ehebrecherische Leben von König Herodes an (Lukas 3,19). Jesus verfolgte nicht die Strategie, auf das Unrecht dort immer sofort frontal loszugehen, wo er es wahrnahm. Er warnte seine Jünger davor, unbedacht in einen aussichtslosen Krieg zu ziehen (Lukas 14,31 f.); sie sollten vielmehr klug wie die Schlangen sein, und nicht nur einfältig wie die Tauben (Matthäus 10,16). Er kam in den Ruf, vertrauten Umgang mit einer Menge sündiger Gestalten zu haben, von denen viele ganz zu Recht aus der Gemeinschaft der Synagoge ausgeschlossen worden waren. Denjenigen, die ihm das vorhielten, sagte er, daß er nicht zu den Gerechten gekommen sei, sondern zu den Sündern (Markus 2,17).

Man kann auch sehen, daß Jesus die Schriftgelehrten und Pharisäer zwar öffentlich angriff, es jedoch vermied, sie als Einzelpersonen schlecht zu machen. Vielleicht war ihm klar, daß viele einfach das Opfer der Eigeninteressen ihrer Klasse oder ökonomischer Gruppen waren. Er brandmarkte die Ichsucht und sogar Bösartigkeit der jüdischen religiösen Führer, ohne unbedingt irgendeinen einzelnen Schriftgelehrten oder Pharisäer angreifen zu wollen. Ja, gelegentlich finden wir Jesus sogar als Gast im Haus eines Pharisäers (vgl. Lukas 7,36), und auch sein heimlicher nächtlicher Besucher Nikodemus war ein Pharisäer (Johannes 3,1).

Noch wichtiger ist der Umstand, daß wir die prophetische Haltung Jesu erst richtig verstehen, wenn wir beachten, daß er bereit war, sich *verwundbar* zu machen. Paulus sagt, indem der Sohn Gottes Mensch geworden sei, habe er sich selbst völlig entäußert und habe die Schwachheit als Bedingung des Menschseins angenommen (vgl. Philipper 2,7). Jesus zeigte sein Schwachsein vor allem in seinem Leiden und Sterben. Dieses Schwachsein war es, was unsere Erlösung bewirkte. Auch Maria hat in ihrem „Magnificat" davon gesungen, daß Gott die Niedrigkeit seiner Magd benützt, um die Armen emporzuheben (vgl. Lukas 1,46 ff.). Jesus wählte mit Absicht das Schwachsein als Lebensprinzip; er sagte seinen Jüngern ausdrücklich, daß er durchaus seine Verhaftung hätte verhindern können: „Glaubt ihr nicht, mein Vater würde mir sogleich mehr als zwölf Legionen Engel schicken, wenn ich ihn darum bitte?" (Matthäus 26,53). Indem er darauf verzichtete, wählte er das bloße Menschsein, das über keine himmlischen Streitkräfte zu seiner Verteidigung verfügt. Als die Soldaten kamen, um Jesus zu verhaften, stand er vor ihnen und fragte sie: „Wen sucht ihr?" Auf ihre Antwort: „Jesus von Nazaret", erwiderte er: „Ich bin es." Da stürzten sie auf der Stelle zu Boden (Johannes 18,4–6). Trotz der Waffen in ihren Händen hatten sie immer noch Angst vor Jesus. Er stand offen vor ihnen da, ohne irgendeine Waffe zu seiner Verteidigung, aber völlig furchtlos, nur mit seinem Ruf als Mann Gottes und Wundertäter. Seine bloße Stimme genügte, sie in die Knie zu zwingen. Jesus war also selbst in dieser Situation Herr der Lage. Er sagte zu ihnen, sie sollten seine Jünger gehen lassen (Johannes 18,8); erst nachdem dieser Bitte entsprochen war, ließ er sich von ihnen gefangennehmen. Petrus machte einen verzweifelten Verteidigungsversuch und hieb einem der Knechte namens Malchus ein Ohr ab. Jesus wies ihn zurecht und sagte: „Alle, die zum Schwert greifen, werden durch das Schwert umkommen" (Matthäus 26,52).

Wie es schon seine Mutter in ihrem „Magnificat" zum Ausdruck gebracht hatte, sah auch Jesus, daß sich Gott für sein Wirken der menschlichen Schwachheit bediente, und vor allem der seinigen. Schon früher hatte er zu denen, die ihn anfeindeten, gesagt: „Reißt diesen Tempel nieder, in drei Tagen werde ich ihn wieder aufbauen" (Johannes 2, 19). Ihnen war die Macht verliehen, seinen Leib zu vernichten, aber er hatte die Macht, von den Toten wieder aufzuerstehen. Jesus hatte auch gesagt, er müsse am Holz erhöht werden, damit alle Menschen von ihren Sünden erlöst werden könnten (Johannes 3, 14). Wenn sie ihn nackt, schwach, blutüberströmt und in völliger Ohnmacht sehen würden, würde das ihre Herzen zur Umkehr bewegen. Im Augenblick seines Todes auf dem Kalvarienberg gab es tatsächlich schon Menschen, die auf diese Weise erschüttert wurden; so rief der römische Hauptmann aus, sie hätten einen Gerechten getötet (Lukas 23, 47). Als Petrus am Pfingsttag zu den Menschen predigte, sahen viele betroffen ein, daß sie den von Gott Gesandten dem Tod ausgeliefert hatten, und ihr Herz öffnete sich für das Evangelium (Apostelgeschichte 2, 37–42). Genau wie Jesus vorausgesagt hatte, sollte sein Tod am Kreuz das vollenden, was nur auf diese Weise vollendet werden konnte, nämlich die Bekehrung der Menschen.

Hätte sich Jesus mit Waffengewalt verteidigt und so die Machenschaften der Mächtigen, ihn dem Tod auszuliefern, abgewehrt, hätten diese weiter behauptet, im Recht zu sein. Der bloße Umstand, daß jemand mit Gewaltmitteln stärker ist als wir, überzeugt uns noch lange nicht davon, daß wir falsch liegen. Jesus aber ging es um die Bekehrung. Mit Gewalt bekehrt man niemanden, so sehr man auch Recht haben mag. Die Jünger Jesu sollten Zeugen der Wahrheit, der Gerechtigkeit und des Friedens sein. Alle diese Werte lassen sich nicht mittels dessen, was ihr Gegenteil ist, schützen und durchsetzen. Es ist befremdlich, daß Christen jemals anders denken konnten. Unsere Art, mit der Sünde der Welt umzugehen, besteht darin, bereitwillig für die Werte des Evangeliums zu sterben, im Vertrauen, daß es Gottes Art ist, auf gewaltlose Weise das Böse und die Unterdrückung zu überwinden.

Die Macht des Martyriums

Unser geläufigstes Argument gegen die Gewaltlosigkeit ist, daß sie sich nicht eignet, um die Ziele, die wir anstreben, zu erreichen. Jesus hat uns gezeigt, daß sie jedoch dazu sehr wohl geeignet ist, und er verstand sein Beispiel als Lektion für alle seine künftigen Jünger. Man baut Gottes Reich nicht dadurch auf, daß man seine Gegner erschlägt, sondern indem man sie bekehrt. Um diese Bekehrung zu erreichen, muß man an die Herzen der Gegner rühren, denn sie sind in ihrer Selbstgerechtigkeit blind. Um sie so weit zu bringen, daß sie mit anderen Augen sehen, müssen sie entdecken, daß sie andere gravierend ungerecht behandeln. Immer, wenn die Unterdrückten zu gewalttätigen Mitteln greifen, um sich zu wehren, fühlen sich ihre Unterdrücker gerechtfertigt, auch ihrerseits mit Gewalt den Aufstand niederzuschlagen. Die gewaltige Kraft des *Martyriums* kann erst dann auf Erden ihre Wirkung entfalten und zu nachhaltiger Gerechtigkeit führen, wenn man das Unrecht klar und deutlich beim Namen nennt und dann bereit ist, für das Gesagte zu leiden. Diese Bereitschaft, für das, was man sagen will, sogar den Tod auf sich zu nehmen, stammt aus der Überzeugung, Gott im Rücken zu haben. Wenn man auf Gottes Art Gerechtigkeit erlangt, werden alle sogenannten Machtmittel, über die die Unterdrücker verfügen, nutzlos. Weder helfen ihnen dann ihre Bestechungsgelder, noch hilft es ihnen, mit

dem Tod zu drohen. Selbst wenn ihre Herzen nicht ange-
rührt werden und sie in der Finsternis ihrer Sünde bleiben, müssen sie dann die dem christlichen Martyrer inne-
wohnende Kraft erkennen, der bereit ist, für die Wahrheit
zu sterben.

Allzuoft haben Christen ihre Martyrer dafür gerühmt,
sich mit Tapferkeit ihren Lohn im Himmel errungen zu
haben – und gleichzeitig haben viele sogenannte „christliche" Nationen die militärische Stärke und den Krieg
verherrlicht. Sie erzählten ihren Kindern Geschichten von
großen Helden, die für ihr Vaterland ihr Leben hingege-
ben haben, und zwar so, als sei die eigene Nation das
Reich Gottes. Kaum jemand hat davon gesprochen, man
müsse das Herz des Feindes erreichen und ihn zur Umkehr bewegen. Um genau das aber würde es gehen, wenn
Christen durch ihren Glauben überzeugen wollen. Der
von Jesus versprochene Heilige Geist soll „die Welt davon *überzeugen*, was Sünde, Gerechtigkeit und Gericht
ist" (Johannes 16,8).

Wir sind nicht auf dieser Welt, um uns den Himmel zu
verdienen. Der Himmel wartet ohnehin auf uns. Wir sind
auf die Erde gesetzt und haben den Glauben und die Zu-
gehörigkeit zum Mystischen Leib Christi dazu erhalten,
an der Verwirklichung von Gottes Plan, die Sünde der
Welt zu überwinden, mitzuwirken. Gott möchte, daß wir
dabei unser Zeugnis ablegen. An bestimmten Orten und
zu bestimmten Zeiten sind die Christen dazu verpflichtet, energisch gegen Unrecht einzutreten. Das müssen sie
jedoch auf gewaltlose Weise tun, denn unsere Wahrheit
soll der Welt Leben bringen und nicht noch mehr Tod.
Satan herrscht mit Hilfe des Todes; Gottes Reich herrscht
durch die Wahrheit, und diese Wahrheit kann uns frei
machen (Galater 5,1).

Unser enges Einssein mit Christus kann uns alle Angst
beim Aussprechen der Wahrheit nehmen, und wir stehen

für sie ein mit der Bereitschaft, um ihretwillen zu leiden, ohne Gegengewalt einzusetzen. Die Lehren Jesu über die Gewaltfreiheit werden bis zum heutigen Tag unter seinen Anhängern kontrovers diskutiert, wobei es um die schwierige Frage geht, ob wir noch auf die traditionelle Weise Gewalt einsetzen können, um Gerechtigkeit und Frieden in unserem eigenen Land und zwischen allen Nationen durchzusetzen. Dabei ist die entscheidende Frage: Treten wir dem Bösen auf eine Weise entgegen, die andere dazu bringen kann, ihr eigenes Unrecht einzusehen und zu bereuen, oder wollen wir einfach alle, die etwas Falsches tun, *überwältigen*?

Die Vergeblichkeit früherer Methoden, den christlichen Glauben mittels Gewaltanwendung zu verteidigen, hat Garrison Keillor in seinem Bestseller *Lake Wobegon Days* anschaulich illustriert. Er erinnert sich, was für Gedanken ihm als protestantischem Jungen gekommen sind, wenn er den Katholiken bei ihrer Pfarr-Parade am Memorial Day zuschaute:

… Ich drehe mich um, damit ich die Katholiken sehen kann, wie sie in die Taft-Street einschwenken und geradewegs auf uns zumarschieren. Zahlenmäßig sind wir ungefähr so viele wie sie, aber würden sie angreifen, wären wir in einer Minute erledigt. Ich habe *Foxx's Book of Martyrs* gelesen und kann es gar nicht mehr vergessen: Diese Bilder, auf denen treue, gläubige Hugenotten still beten, Gott preisen und den Horden von Katholiken verzeihen, die Scheiterhaufen aufrichten, um sie zu verbrennen. Würden mich die katholischen „Knights" jetzt an einen Telegrafenmasten binden, dürres Reisig rings um mich aufschichten und mich auffordern, meinem Glauben abzuschwören, während ein Katholischer Pfadfinder schon sein Feuerzeug ausprobieren würde –, was würde ich dann tun? Doch, ich glaube, ich würde abschwören. Ich würde eine Statue küssen, ein Kreuz in die Hand nehmen oder sonst etwas tun, was sie mir sagten. Ich könnte ja die ganze Zeit einen Fuß leicht anheben und meine Bekehrung nur vortäuschen. Gott würde wissen, daß ich ihm nicht wirklich abschwören würde.*

MEDITATIONSTEXTE

Jesu Streitgespräch mit den Schriftgelehrten und Pharisäern: Matthäus 23,13–36
Die Verheißung des Geistes: Johannes 15,18–16,15
Die Gefangennahme Jesu: Johannes 18,1–11
Die Pfingstpredigt des Petrus: Apostelgeschichte 2,14–39
Die Demut und Größe Jesu: Philipper 2,5–11

FRAGEN FÜR DAS GESPRÄCH

1. Was bewundere ich besonders an der Art, wie Jesus anderen Menschen Widerstand leistet? Inwiefern sehe ich ihn als Vorbild für meine eigene Selbstbehauptung?

2. Wo sehe ich, daß Menschen *Heuchler* sind? Wie empfinde ich, wie sie sich geben?

3. Auf welche Weise lehrte Jesus eine Haltung des gewaltfreien Zeugnisses für die Wahrheit, und wie versuchen wir heute, dies als seine Nachfolger in unser Leben umzusetzen?

---

* Garrison Keillor, Lake Wobegon Days, Viking New York, 1985, 119.

Jesus als Neuner

Verkörperung innerer Ruhe

Jesus war ein innerlich sehr ruhiger Mensch. Vor allem heutzutage, wo viele Menschen viel Trubel und große Ungeborgenheit in ihrem Leben erfahren, ist es wichtig, daß wir mit seiner inneren Ruhe und dem Frieden, den er ausstrahlt, in Berührung kommen. Während der Zeit seines öffentlichen Auftretens glich sein Leben zwar eher einer Art Kriegsdienst – was gelegentlich auch auf unser eigenes Leben zuzutreffen scheint –, aber trotzdem trug er in sich den tiefen Frieden des Heiligen Geistes. Er wollte seine Jünger an diesem Frieden teilhaben lassen (Johannes 14,27) und sagte, die Menschen sollten zu ihm kommen, denn bei ihm würden sie Ruhe für ihre Seelen finden können (Matthäus 11,29). Die Jünger, von denen die meisten erfahrene Fischer waren, gerieten einmal infolge eines plötzlichen Sturms auf dem See, der ihr Fischerboot zum Kentern zu bringen drohte, in Panik, aber Jesus schlief seelenruhig weiter (Markus 4,35 ff.). Als sie ihn weckten und ihm sagten, sie seien in höchster Gefahr, schalt er sie, weil sie so „kleingäubig" seien; dann gebot er dem Sturm und den Wellen, sich zu legen. Plötzlich trat „eine große Stille" ein.

Bei einer späteren Gelegenheit waren die Jünger spät nachts allein auf dem See und sahen plötzlich Jesus über die Wellen auf sie zukommen. Sie schrien vor Angst, denn sie meinten, es sei ein Gespenst (Matthäus 14,25 ff.). Jesus rief ihnen zu, daß er es sei und sie keine Angst haben sollten. Er rief den Petrus, er solle über den See zu ihm kommen; Petrus versuchte das tatsächlich, aber dann bekam er es wieder mit der Angst zu tun, begann zu sinken und schrie um Hilfe. Jesus faßte ihn an der Hand, hieß ihn einen „Kleingläubigen" und fragte ihn, weshalb er Zweifel bekommen habe. Sobald sie wieder im Boot waren, erstarb plötzlich wieder der Wind. Wir sehen also, wie Jesus hier seine Jünger lehren will, er sei bei ihnen, und deshalb sollten sie Ruhe bewahren, selbst wenn plötzliche Stürme über sie hereinbrächen.

Vor allem als Auferstandener vermittelte Jesus seinen Anhängern eine große innere Ruhe. Sein Sieg über die Mächte des Todes hatten ihm eine derart neue Dimension tiefen Friedens geschenkt, daß seine Jünger ihn anfangs, als er ihnen die ersten Male erschien, gar nicht gleich wiedererkannten. Betrachten wir diese innere Ruhe im auferstandenen Jesus etwas genauer. Fangen wir an mit seiner ersten Erscheinung, die das Johannesevangelium berichtet, nämlich am Ostermorgen vor Maria Magdalena am Grab:

Maria aber stand draußen vor dem Grab und weinte. Während sie weinte, beugte sie sich in die Grabkammer hinein. Da sah sie zwei Engel in weißen Gewändern sitzen, den einen dort, wo der Kopf, den andern dort, wo die Füße des Leichnams Jesu gelegen hatten.

Die Engel sagten zu ihr: Frau, warum weinst du?

Sie antwortete ihnen: Man hat meinen Herrn weggenommen, und ich weiß nicht, wohin man ihn gelegt hat. Als sie das gesagt hatte, wandte sie sich um und sah Jesus dastehen, wußte aber nicht, daß es Jesus war.

Jesus sagte zu ihr: Frau, warum weinst du? Wen suchst du?

Sie meinte, es sei der Gärtner, und sagte zu ihm:

Herr, wenn du ihn weggebracht hast, sag mir, wohin du ihn gelegt hast. Dann will ich ihn holen.

Jesus sagte zu ihr: Maria!

Da wandte sie sich ihm zu und sagte auf hebräisch zu ihm: Rabbuni!, das heißt: Meister.

Jesus sagte zu ihr: Halte mich nicht fest; denn ich bin noch nicht zum Vater hinaufgegangen. Geh aber zu meinen Brüdern, und sag ihnen: Ich gehe hinauf zu meinem Vater und zu eurem Vater, zu meinem Gott und zu eurem Gott.

Maria von Magdala ging zu den Jüngern und verkündete ihnen: Ich habe den Herrn gesehen. Und sie richtete aus, was er ihr gesagt hatte.

(Johannes 20, 11–18)

Kurz vor Tagesanbruch an diesem Ostermorgen war Maria Magdalena durch die Straßen von Jerusalem gerannt (Johannes 20,1–10). Sie weckte Petrus und Johannes aus dem Schlaf, damit sie schnell zum leeren Grab kamen. Sie überprüften das Grab und gingen dann wieder weg, wobei vor allem Petrus verwirrt darüber war, daß der Leichnam Jesu fehlte. Maria blieb in der Nähe des offenen Grabes. Sie beugte sich hinein, um es noch einmal genau anzusehen, und sah zwei Engel in weißen Gewändern. Sie fragten sie, warum sie weine. Nachdem sie ihnen geantwortet hatte, ging sie wieder vom Grab weg. Ganz in der Nähe stand ein Mann und fragte sie mit denselben Worten wie gerade die Engel, warum sie weine. Sie antwortete ihm, ohne ihn anzuschauen. Maria war ganz verzweifelt beim Gedanken, jemand habe den Leichnam Jesu herausgenommen und beiseite geschafft. Als sie hörte, daß sie der Mann mit ihrem Namen ansprach, erkannte sie plötzlich, daß es Jesus war. Sie wandte sich ihm zu und umarmte ihn voller Freude. Da sie ihn endlich wiedergefunden hatte, wollte sie ihn nicht mehr loslassen. Aber Jesus sagte zu ihr, sie dürfe ihn nicht länger festhalten. Was meinte er damit? Es ging nicht darum, daß er etwa nicht berührt werden wollte, denn später am selben Tag, als er den Jüngern im Obergemach erschien, forderte er sie ausdrücklich auf, ihn zu berühren, um ihnen zu beweisen, daß er kein Geist sei (Lukas 24,39). Was Jesus Maria Magdalena sagen wollte war, sie solle nicht weiterhin an dieser Erscheinung seiner selbst festhalten. Maria Magdalena meinte nämlich, Jesus sei einfach wieder am Leben und sie könne jetzt wieder genauso bei ihm sein wie vor seinem Tod. Aber er war nicht einfach wieder in dieses Leben zurückgekehrt; jetzt war er vielmehr der auferstandene Herr, und folglich würde er normalerweise nicht mehr sichtbar sein. Was ihr widerfuhr, war eine Erscheinung von ihm, um ihr zu zeigen, daß er bei ihr war. In Zukunft würde sie es lernen müssen, seine Gegenwart auch ohne derartige Erscheinungen zu erkennen.

Später am selben Tag wanderten zwei Jünger nach Emmaus (Lukas 24,13–35). Sie hatten die Jüngergemeinde in Jerusalem verlassen, weil Jesus umgebracht worden war. Das bedeutete für sie, daß er wohl doch nicht der Messias gewesen war. Ihr Glaube an ihn war in Scherben gegangen. Ganz niedergeschlagen gingen sie nun heim, um wieder ihr früheres Leben aufzunehmen. Während sie so dahinwanderten, kam ein Fremder des Wegs und schloß sich ihnen an. Er fragte sie, worüber sie unterwegs miteinander gesprochen hätten. Sie blieben stehen und erzählten ihm mit trauriger Miene, sie hätten sich dem Jesus von Nazaret angeschlossen, weil sie des Glaubens gewesen seien, er werde Gottes Verheißungen an sein Volk erfüllen; aber dann sei er getötet worden. Der Fremde erwiderte ihnen, die Tatsache, daß Jesus getötet worden sei, sei kein Grund zu glauben, daß er nicht der verheißene Messias gewesen sei. Er zitierte ihnen viele Schriftstellen, die tatsächlich vorausgesagt hatten, der Messias werde vom

Volk verworfen und getötet werden, aber dann werde er in Herrlichkeit auferstehen.

Als sie ihren Zielort erreichten, tat der Fremde so, als müsse er weitergehen, aber sie baten ihn, hereinzukommen und bei ihnen zu bleiben, denn, so sagten sie, es sei schon spät am Tag. Er ging also mit hinein und ließ sich mit ihnen zum Abendbrot nieder. Er nahm das Brot, sprach den Segen, brach das Brot und gab es ihnen. In dem Augenblick erkannten sie, daß er ja Jesus war; aber sobald sie ihn erkannt hatten, war er ihren Augen entschwunden. Sie eilten nach Jerusalem zurück und pochten an die verschlossene Tür des Hauses, in dem sie das letzte Abendmahl miteinander gefeiert hatten. Nachdem man sie hereingelassen hatte und sie gerade mit ihrem Bericht angefangen hatten, was geschehen war, drehten sie sich um, und da war wieder Jesus. Er war nicht durch die Tür hereingekommen. Die Tür war verschlossen gewesen. Er erschien ihnen, um ihnen zu zeigen, daß er die ganze Zeit in ihrer Mitte gewesen war.

Der Apostel Thomas war bei diesem Geschehen nicht dabeigewesen. Später erzählten die Jünger dem Thomas aufgeregt, daß Jesus ihnen als von den Toten Auferstandener erschienen sei (Johannes 20,24 f.). Thomas entgegnete, er werde das erst glauben, wenn er seine Finger in die Male der Nägel und in die Seitenwunde legen könne, die der Speer in der Brust Jesu geöffnet hatte. Wir reden von „Zweifler Thomas"; aber er war auch der „Schmoller Thomas". Er fühlte sich ausgeschlossen. War er schlechter als die anderen Apostel? Warum war Jesus ihm nicht erschienen? Es lag nicht daran, daß Jesus den Thomas weniger liebte, sondern daß Thomas nicht bei der Gemeinde gewesen war; der auferstandene Jesus aber kam zur Gemeinde. Er hatte ja versprochen, daß er immer dort sein werde, wo sich zwei oder drei seiner Jünger in seinem Namen versammeln würden (Matthäus 18,20).

Am darauffolgenden Sonntag war Thomas bei der Jüngergemeinde im Obergemach, und wieder erschien Jesus in ihrer Mitte (Johannes 20,26–29). Er nahm den Thomas beiseite, und dieser bekannte schließlich seinen Glauben. Jesus sagte ihm, es sei gut, daß er glaube, weil er gesehen habe, aber noch gesegneter seien diejenigen, welche glaubten, ohne gesehen zu haben. Was glauben wir alles, ohne es gesehen zu haben? Nicht nur, daß Jesus von den Toten auferstanden ist, sondern auch, daß er zu uns kommt, wenn wir uns in seinem Namen versammeln. Das nennen wir die *Gegenwart Jesu in der Gemeinde.*

Wir könnten die Frage stellen, was denn Besonderes daran sein solle, daß der auferstandene Jesus gegenwärtig sei, wenn sich Christen versammeln. Schließlich ist Gott ja überall gegenwärtig. Doch hier ist nicht von der Allgegenwart Gottes die Rede, sondern von der Gegenwart des lebendigen Jesus, der einst über diese Erde gewandert ist, ans Kreuz geschlagen wurde und jetzt als der auferstandene Herr lebt. Er ist es, der kommt, um bei uns zu sein, wenn wir uns zusammenschließen. „Sich in seinem Namen zu versammeln" heißt, daß wir uns als seine Nachfolger zusammentun, gehorsam seinem Wort, einander so zu lieben, wie er uns geliebt hat (Johannes 13,34 f.). Diese Gegenwart bewirkt die besondere Erfahrung, daß Jesus in unsere Versammlung kommt und uns hilft, eine echte Gemeinde zu werden.

Die Erscheinungen des Auferstandenen deuten einige Erfahrungen an, die auch wir dank seiner Gegenwart in unserer Christengemeinde erleben. Zunächst einmal öffnet er unser Herz für das Verständnis der Schriften. Das hat er zum Beispiel auf dem Weg nach Emmaus getan (Lukas 24,27), und dann noch einmal, als er später am selben Tag zu seinen Jüngern in das Obergemach kam (Lukas 24,45). Dadurch wurden sie in die Lage versetzt, das, was ihnen in der Gegenwart in ihrem Leben widerfuhr, im Licht der Schriften zu deuten. So wurde das Gotteswort in der Bibel für sie zur praktischen Wirklichkeit und schenkte ihnen eine eigenartige innere Ruhe mitten in allen Problemen und Belastungen.

Außerdem gab ihnen die Gegenwart des auferstandenen Jesus in ihrer Versammlung ein ganz neues Gefühl. Solange er unter ihnen war, waren sie voller Freude; es war wie bei den Jüngern, die sich an ihre gemeinsame Wegstrecke mit ihm nach Emmaus erinnerten und erst im nachhinein richtig merkten, daß ihr Herz gebrannt hatte, während er ihnen die Schriften erschloß (Lukas 24,32). Der auferstandene Jesus kam also, um sie an jenem *Frieden* teilhaben zu lassen, der ihre Ängste und Sorgen milderte.

Das Untätigsein vermeiden

Gelegentlich haben Leute, die mit einer großen inneren Ruhe leben, nicht besonders viel Antrieb, *etwas zu tun*. Neuner neigen dazu, mit dem Leben, so wie es ist, zufrieden zu sein, und alles zu vermeiden, was sie aus ihrer selbstgefälligen Ruhe aufstören könnte. Das heißt, sie gehen allen Konflikten und Spannungen aus dem Weg und sind stolz darauf, „pflegeleicht" zu sein. Neuner mögen die Routine und sind allergisch dagegen, aus ihrem gewohnten Alltagsrhythmus herausgerissen zu werden. Sie fühlen sich bei alten Freunden wohl und haben wenig Interesse, unbekannte Menschen kennenzulernen. Als Zeitvertreib mögen sie Fernsehen, Kartenspielen, Sportreportagen, und sie sammeln auch gern irgendwelchen Nippes.

Etwas von dieser untätigen Selbstzufriedenheit haben die sieben Apostel an sich, die zum Fischen losziehen, statt sich als Missionare auf den Weg zu machen (Johannes 21,2 ff.). Eine Gruppe guter Kameraden ist eine wunderbare Sache, aber nicht genau das, was Jesus vorschwebte, als er als Auferstandener zu seinen Jüngern kam. Als er dann an diesem Morgen den Petrus beiseite nahm, fragte er ihn, ob er ihn liebe. Er verwendete dafür das Wort *agápe*, das für die Liebe Gottes benützt wird (Johannes 21,15 ff.). Die Antwort des Petrus war, Jesus wisse doch, daß er ihn liebe; aber er gebrauchte das Wort *philía*, das die Freundesliebe bezeichnet. Jesus wollte dem Petrus klar machen, daß das Leben mit ihm nicht leicht und bequem sei. Aus Liebe zu Jesus sollte Petrus die Hirtensorge für die Jüngergemeinde übernehmen, also über die Menschen, die Jesus als seine „Herde" bezeichnete. In dieser Funktion konnte Petrus die Gruppe der Apostel nicht einfach als eine Ansammlung guter Kumpel betrachten und mit ihnen kameradschaftlich fischen gehen. Er mußte losziehen, um Frauen und Männer zu gewinnen und sie alle zur Gemeinschaft von Gottes neuer Familie zusammenbringen. Eine solche Aufgabe läßt sich nicht ohne Spannungen und ein hohes Maß an hartem Einsatz erfüllen. Vor allem gehört zu Gottes Art von Liebe, daß man immer wieder *Initiativen ergreift*.

Weil sie ein möglichst konfliktfreies Leben wollen, versagen Neuner oft in der Art Liebe, die Initiativen ergreift. Das kann an einem unterentwickelten Selbstbewußtsein liegen. Wer der Meinung ist, er tauge nicht viel, packt auch nicht viel an. Er denkt vielleicht, was immer er fertigbringe, sei doch nicht der Rede wert. Das Problem ist nur, daß wenn man nicht viel anfängt, man wiederum das Gefühl hat, nicht viel zu taugen. Ein solcher Mangel an Selbstwertgefühl hat vermutlich seine Wurzeln in der Kindheit. Vielleicht haben die Eltern viel gestritten, und das Kind hat sich nach einem konfliktfreien Zuhause gesehnt. Vielleicht hat es *resigniert* in der Erfahrung, seitens seiner Eltern nicht viel Liebe zu spüren, und sich schließlich damit abgefunden. Das führt dann zur Einstellung, dem Leben sei ohnehin nicht viel abzugewinnen, und folglich gebe es nichts, wofür man sich groß einzusetzen brauche. Die Folge ist, daß Neuner ihr Leben zur Routine werden lassen, ohne klare Prioritäten zu setzen. Sie nehmen das Leben, wie es kommt, und versuchen, allem aus dem Weg zu gehen, das ihren „Frieden" beeinträchtigt. Das bezieht sich allerdings mehr auf den Frieden, den die Welt zu geben hat, als auf den Frieden, den Jesus schenkt (Johannes 14,27). Er kam ja doch, um frischen Wind ins Leben zu bringen und einiges zu verändern, und seit seiner Auferstehung möchte er dazu seine Nachfolger als Werkzeuge gebrauchen. Das könne er aber nur, stellt Jesus fest, wenn sie dazu vom Heiligen Geist ermächtigt würden.

Die verheißene Kraft von oben

Der auferstandene Jesus hatte der Gemeinschaft seiner Jünger zwar die Freude seiner Gegenwart geschenkt, aber er wußte, daß sie noch mehr brauchten, um seinen Dienst wirksam fortsetzen zu können. Der Friede, der die Gemeinde erfüllte, war zwar ein großes Geschenk, aber die anspruchsvolle Aufgabe, das Reich Gottes unter allen Völkern aufzubauen, erforderte noch etwas anderes. Das traf vor allem auf die Jünger zu, die die Gemeinschaft suchten, weil sie selbst sie brauchten. Als Auferstandener wollte Jesus seine Jünger mit neuer Energie erfüllen. Bei seinen Erscheinungen gab er ihnen den Auftrag, zu den Leuten hinauszugehen und für ihn Zeugnis abzulegen, und zwar auch dann, wenn sie nur auf Feindschaft stoßen sollten. Anfangs hatten sie als Jünger vor allem bei ihm „gelernt". Dann wurden sie zu Aposteln, die zu anderen „gesandt" wurden. Als auferstandener Herr versprach er, alle Tage bei ihnen zu sein bis ans Ende der Welt (Matthäus 28,20). Er wollte ihnen Zuversicht geben, ja, ihnen alle Angst nehmen. Mut sollte ihnen aus der Überzeugung erwachsen, daß sein Geist ihnen beistehen werde, wenn sie den Mund auftäten (Matthäus 10,19 f.). Diese dritte göttliche Person, die mit Jesus gewesen war, würde auch bei ihnen sein und sie mit Kraft erfüllen, damit sie seine Diener und Zeugen seien bis hinaus an die Enden der Erde.

Die Gabe des Heiligen Geistes wird so ausgegossen, daß jeder von uns ein Stück jener Gaben und Vollmachten empfängt, die Jesus empfangen hatte, als der Heilige Geist bei seiner Taufe über ihn gekommen war. Wie Jesus, haben auch wir Gott zum Vater, und der Geist gibt uns ein inneres Gespür dafür, daß wir Gottes adoptierte Söhne und Töchter sind (Galater 4,6). Wenn uns der Vater ein Stück Anteil an den Vollmachten Jesu schenkt, sagt er uns dadurch, daß er an uns glaubt –, daß er daran glaubt, daß wir uns weiterentwickeln und unsere geistliche Gabe für das Mitbauen an seinem Reich einsetzen.

Um jedoch unsere geistliche Gabe richtig einsetzen zu können, müssen wir sie mit den Gaben zusammenbringen, die unsere Mitchristen empfangen haben. Paulus spricht in diesem Zusammenhang davon, daß wir alle miteinander zum Leib Christi werden müssen (1 Korinther 12,12 ff.). Jeder Einzelne in der christlichen Gemeinde ist wie ein einzelnes Organ im menschlichen Körper – ein Auge, ein Ohr, eine Hand oder ein Fuß. Jeder Teil ist anders, denn jeder hat eine eigene Fähigkeit und Funktion. Das Auge kann sehen, das Ohr kann hören, die Hände können greifen, und die Füße können gehen. Ein einzelnes Organ kann nicht die Funktion eines anderen übernehmen, sondern jedes braucht die anderen. So ist es auch in der christlichen Gemeinde. Ich habe eine einmalige Gabe von Gott, eine Gabe, die andere nicht haben, und wenn wir alle harmonisch zusammenarbeiten, können wir das Gesamt der Kräfte, die aus Jesus heraus wirken, in einer Weise für unsere Welt fruchtbar machen, daß diese verwandelt wird.

Offensichtlich bin ich als Teil des Leibes Christi verantwortlich dafür, daß ich meine Gaben einsetze. Andere können mich nicht ersetzen. Ich sollte dankbar dafür sein, daß ich gebraucht werde und Teil der Gesamtgemeinde bin, die ausgesandt ist. Die größte aller Gaben, die ich habe, ist allerdings die Gabe der Liebe (1 Korinther 13,13). Sie ist die Gabe meiner selbst an die anderen und mein Offensein für ihre Gaben. Ich muß wissen, daß ich fähig bin, mit der Liebe Jesu zu lieben, und wie Petrus bin ich berufen, nicht nur einige private Freundschaften zu genießen, sondern mich für die Harmonie und Einheit aller einzusetzen, damit wir zu Brüdern und Schwestern einer einzigen großen Familie werden, die ihr Leben miteinander teilt in einer Welt, in der alle mit allen teilen müssen. Um zum Lieben fähig zu sein, muß ich natürlich zuerst einmal selbst geliebt werden. Es ist die Kraft der gegenseitigen Liebe, wie sie sich in der christlichen Gemeinde offenbart, die in mir das Bewußtsein wecken kann, welch großen Wert auch ich als Gottes Geschenk an die anderen darstelle. Dieses Geschenk gegenseitiger Liebe ist das, wonach sich mein Herz immer gesehnt hat. Doch kann ich es nur erfahren, wenn ich mich selbst als Geschenk einbringe und bereit bin, Verantwortung bei der Gestaltung des Gemeinschaftslebens zu übernehmen und dieses voll mitzuleben.

Neuner muß man in die Gemeinde einladen. Sie brauchen einen Anstoß von außen, um zu mehr Leben und Energie zu finden. Wenn man sie zum Mitmachen einlädt, gehen sie darauf ein, vor allem dann, wenn sie jemand anspricht, der wirklich an sie und ihre Gabe glaubt. Sie sind dankbar dafür, als JEMAND geschätzt zu werden, und gewöhnlich werden aus ihnen ganz hervorragende Gemeindemitglieder, die sich sehr für die Harmonie unter allen einsetzen. Sie sind darauf angewiesen, daß man ihnen Verantwortung überträgt, damit sie sehen, daß sie niemand ersetzen kann, und damit sie zur Überzeugung kommen, ihren Beitrag könne in der Form kein anderer leisten.

MEDITATIONSTEXTE

Jesus stillt den Seesturm: Markus 4,35–41
Jesus geht über das Wasser: Matthäus 14,22–33
Die Wanderung nach Emmaus: Lukas 24,13–35
Der Auferstandene und Thomas: Johannes 20,24–29
Der Auferstandene und Petrus: Johannes 21,15–19
Ein Leib Christi mit vielen Gliedern: 1 Korinther 12,12–31

FRAGEN FÜR DAS GESPRÄCH

1. Nennen Sie einige in sich ruhende, friedliche Menschen, die Sie kennen. Wodurch sind sie so?
2. Gibt es Menschen in unserer Umgebung, die regelrecht „ausgebrannt" sind und alle Energie und Begeisterung verloren haben? Wie könnte man ihnen helfen, damit sie als Menschen wieder dynamischer werden und sich wieder für bestimmte Aktivitäten interessieren?
3. Wie geht es mir beim Versuch, die besondere Gabe, die mir als Nachfolger/in Jesu gegeben worden ist, zu entdecken und einzusetzen? Auf welche Weise könnte ich diese Gabe mit den Gaben anderer im Leib Christi zusammenlegen?

ANLEITUNGEN FÜR DEN AUSTAUSCH IN KLEINEN GRUPPEN

Das Material dieses Buchs ist als Hilfe und Denkanstoß für geschäftige Zeitgenossen gedacht. Es kann hilfreich sein, das Buch nicht nur allein für sich zu lesen, sondern in einem Gesprächskreis oder einer kleinen Gruppe von Christen gemeinsam durchzuarbeiten. Die kleine Gruppe sollte sich alle zwei, drei Wochen ungefähr zwei Stunden lang treffen und sich an die weiter unten geschilderte Vorgehensweise halten.

Um eine solche Gruppe zu gründen, muß man sich nur ein wenig in seiner Kirchengemeinde oder religiösen Gemeinschaft oder in seinem Bekanntenkreis umschauen. Da gibt es meistens einige Leute, die ganz gern miteinander darüber nachdenken würden, wie sich die Werte des Evangeliums in ihrem Alltag verwirklichen lassen. Ideal wäre es, wenn sich eine Gruppe sowohl aus Männern wie Frauen aus unterschiedlichen Altersstufen und Berufen finden würde. Am schwierigsten wird es wahrscheinlich sein, alle paar Wochen einen Termin zu finden, an dem alle kommen können. Die Zahl der Teilnehmer sollte zwischen acht und zwölf liegen, damit für jeden Zeit bleibt, sich während des Treffens ins Gespräch einzubringen, und andererseits die Gruppe nicht zu klein wird, wenn der eine oder die andere an einem Abend nicht kommen kann.

Hat eine Gruppe erst einmal angefangen, so wird dringend empfohlen, während der Zeit der Durcharbeitung des Stoffes dieses Buches keine neuen Mitglieder mehr aufzunehmen und auch keine gelegentlichen Gäste zu den Treffen einzuladen. Es braucht einige Zeit, bis eine Gruppe in Vertrauen und Offenheit zusammenwächst. Es bedarf eines Lernprozesses, alle vorhandenen Mitglieder einer Gruppe voll und ganz anzunehmen, wie sie sind, und es ist keine kleine Leistung, eine solche Gruppe wirklich zusammenzuschweißen. Jedesmal, wenn ein neues Mitglied dazu kommt, verändert sich das gesamte Leben der Gruppe wieder, weil auf der Ebene des gegenseitigen Vertrauens eine neue Grundlage gefunden werden muß.

Vor Beginn des Treffens ist jedes Mitglied dazu verpflichtet, den Stoff des angegebenen Buchkapitels aufmerksam durchzulesen und zu überdenken einschließlich der angegebenen Schriftstellen und der Fragen zum Nachdenken. Man kann sich pro Treffen ein ganzes Kapitel vornehmen, aber manche Gruppen finden es vielleicht fruchtbarer, sich mit jedem Kapitel zwei oder drei Abende lang zu befassen. Man könnte dann bei jedem Treffen eine andere Bibelstelle der Besinnung zugrunde legen und eine andere Frage für das Gespräch wählen.

Für jedes Treffen braucht man einen *Moderator*. Die Gruppe kann eventuell zwei Leute gemeinsam für die Moderation auswählen. Ein und dieselbe/n Person/en kann/können über längere Zeit hinweg die Treffen moderieren, oder man wechselt reihum ab, zum Beispiel so, daß immer der Gastgeber, bei dem man sich trifft, den Abend moderiert.

Die Hauptaufgabe des Moderators besteht darin, auf die *Einhaltung der Tagesordnung* zu achten, indem er oder sie das Treffen eröffnet und die Gruppe so lenkt, daß für jedes Thema und jeden Schritt die vorgesehene Zeit eingehalten wird. Man muß damit rechnen, daß gelegentlich niemand etwas sagt, und man sollte dann nicht nervös werden oder in Verlegenheit kommen. Solche Zeiten des

Schweigens können das Nachdenken fördern und sind ein Zeichen des Vertrauens zueinander.

Zeit zum Warmwerden miteinander (15 Minuten)

Mit dieser informellen Zeit sollte jedes Treffen beginnen. Sie entspannt die Atmosphäre und schafft ein freundschaftliches Klima. Trifft sich eine kleine Gruppe zum Gebet oder Gespräch, so ist es wichtig, daß die Teilnehmer einander zunächst einmal erzählen können, was sie gerade beschäftigt und was sie zum Treffen mitbringen. Diese Zeit des Austauschs dient also durchaus nicht bloß dem Warten, bis endlich alle da sind – im Gegenteil: sie sollte erst dann beginnen, wenn alle da sind. *Die Einzelnen sollten dann eingeladen werden, kurz zu erzählen, wie sie sich in letzter Zeit gefühlt und was sie seit dem letzten Treffen alles erlebt haben.*

Schriftgespräch (15 Minuten)

Der Moderator beginnt diesen Abschnitt damit, daß er *laut den Schrifttext vorliest*, den man aus den am Ende jedes Kapitels genannten *Meditationstexten* ausgewählt hat. Am besten bringt jeder Teilnehmer immer seine eigene Bibel mit oder zumindest das Neue Testament. So haben alle den Text vor sich und können gut folgen.

Danach legt man eine Stille ein, worauf man seine Einsichten in den Text miteinander teilt. Jede und jeder äußert, was ihr oder ihm dieser Schrifttext oder irgend ein Wort oder Gedanke darin sagt. Dabei geht es nicht darum, Fragen über diese Schriftstelle aufs Tapet zu bringen. Vielmehr sollte man auf sein Inneres hören und dann mit den anderen teilen, was einem dieser Text der Heiligen Schrift in die je eigene augenblickliche Lebenssituation hinein sagt.

Dialog (45 Minuten)

Diesen Teil eröffnet der Moderator, indem er *eine Frage* aus den am Ende jedes Kapitels angegebenen *„Fragen für das Gespräch"* vorliest. Beim Dialog geht es nicht nur um die Diskussion über irgend einen Gedanken, sondern um das Nachdenken über *Lebenserfahrungen*. Es kann sein, daß man gar nicht die Meinung teilt, die jemand anders äußert; aber wenn man mit innerer Aufgeschlossenheit aufeinander hört, versteht man allmählich immer besser, was der oder die andere zwischen den Zeilen sagt.

Äußert jemand seine Einsicht, Meinung, Überzeugung oder Erfahrung, so ist das ein Geschenk des oder der Betreffenden für alle anderen. Man sollte es mit Dankbarkeit annehmen als etwas, das von Herzen kommt. Es kann sein, daß das durchaus nicht das letzte Wort des Betreffenden zum Thema ist, aber grundsätzlich ist es als Gabe für die anderen gedacht. Zwar sollte sich niemand zum Sprechen gezwungen fühlen, aber grundsätzlich möchte die Gruppe allen ihren Mitgliedern die Erfahrung vermitteln, daß sie alle auf ihrem Weg der Suche nach Gottes Wahrheit zugleich Gebende und Empfangende sind. Gott beschenkt uns mit allen anderen Menschen, wir sind zugleich ein Geschenk für die anderen, und er möchte, daß wir das Licht und die Liebe, die er uns ins Herz gesenkt hat, mit den anderen teilen.

Gemeinsames Gebet (10 Minuten)

Der Moderator leitet diesen Abschnitt ein, indem er *die Schriftstelle noch einmal vorliest*, die dem Schriftgespräch zugrunde gelegt worden ist. Man hält darauf wieder etwas Schweigen, und dann können die einzelnen laut eine Reaktion auf die Schriftstelle und auf alles während des Treffens miteinander Besprochene in Form eines Gebetes äußern. Dabei sollte man nicht formulieren: „Ich möchte darum beten, daß ...", sondern man sollte Gott direkt mit eigenen Worten ansprechen, also: „Vater, ..." oder „Jesus, ..." Es geht also darum, daß in dieser Zeit nur Gott direkt angesprochen wird und keine Diskussion untereinander stattfindet. Man schließt diese Gebetszeit mit einem gemeinsamen Gebet, zum Beispiel dem Vaterunser, ab.

Bewertung des Treffens (5 Minuten)

Der Moderator lädt jeden Teilnehmer ein, auszusprechen, *ob ihm dieses Treffen gut getan hat oder ob es enttäuschend war.* Das, was jede oder jeder sagt, läßt man kommentarlos im Raum stehen. Wenn man jedesmal diese Gelegenheit zum Rückblick und zur Bewertung des Treffens bietet, ermutigt das die Teilnehmer, weiter in der Gruppe mitzumachen, statt sich vielleicht lautlos in sich zurückzuziehen, weil sie das Gefühl haben, ihre Bedürfnisse oder Erwartungen würden nicht erfüllt. Der Moderator beschließt diesen Abschnitt, indem er bekannt gibt, welchen Stoff man sich für das nächste Treffen vornehmen soll.

Zwangloses Beieinandersein (30 Minuten)

Das zwanglose Beieinandersein ist für das Erreichen des Ziels der Gruppe mindestens genauso wichtig wie jeder andere Abschnitt des Treffens. Falls es irgendeine Erfrischung gibt, sollte das nichts Großartigeres als etwas Kaffee oder Tee und etwas zum Knabbern sein. Damit vermeidet man das gegenseitige Sich-Überbieten im Bewirten, und auch solche mit geringem oder gar keinem Einkommen können die Gruppe zu sich daheim einladen. Gelegentlich kann man irgendeine KREATIVE ERHOLUNGSZEIT organisieren. Das Wichtigste beim zwanglosen Beieinandersein ist aber, daß man sich ungezwungen miteinander unterhalten und sich besser kennenlernen kann.

DIAGRAMME

Die neun Spielarten des Stolzes

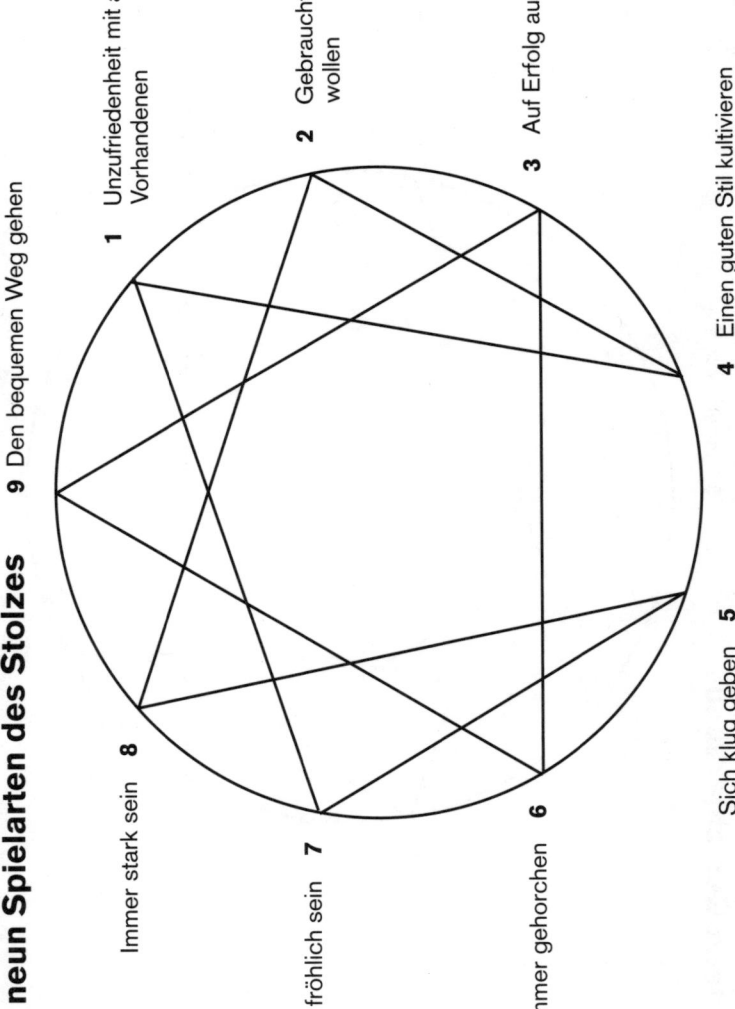

9 Den bequemen Weg gehen

1 Unzufriedenheit mit allem Vorhandenen

2 Gebraucht werden wollen

3 Auf Erfolg aus sein

4 Einen guten Stil kultivieren

5 Sich klug geben

6 Immer gehorchen

7 Immer fröhlich sein

8 Immer stark sein

Die neun Gesichter Jesu

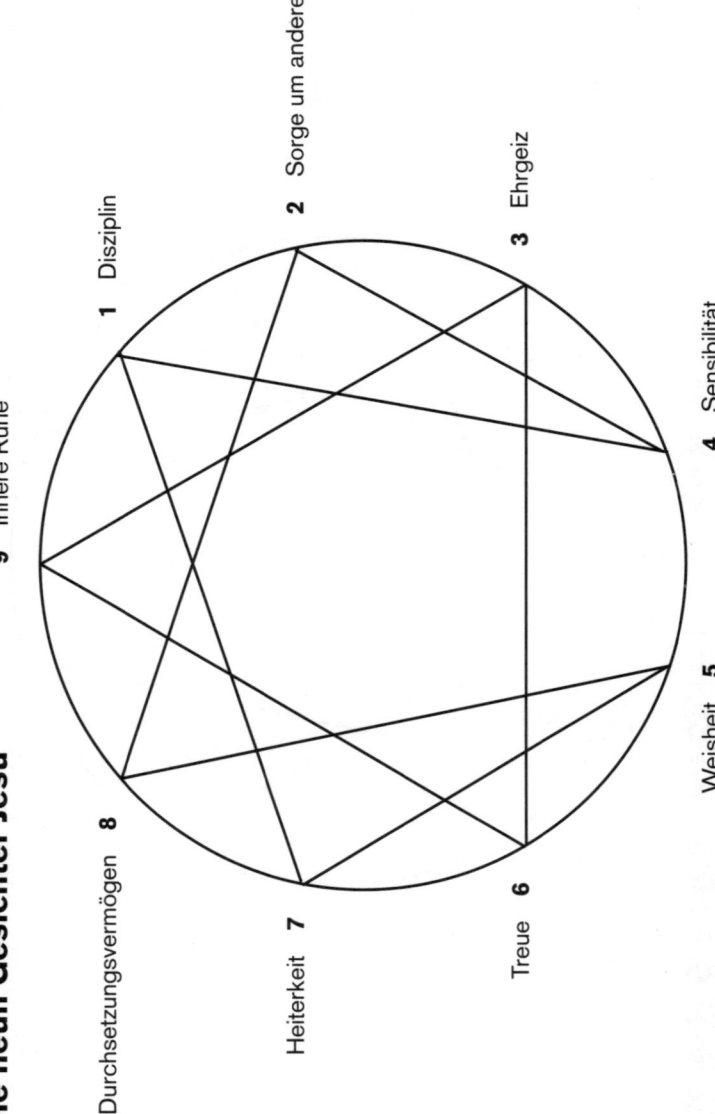

1 Disziplin
2 Sorge um andere
3 Ehrgeiz
4 Sensibilität
5 Weisheit
6 Treue
7 Heiterkeit
8 Durchsetzungsvermögen
9 Innere Ruhe

Worte Jesu für die neun Typen

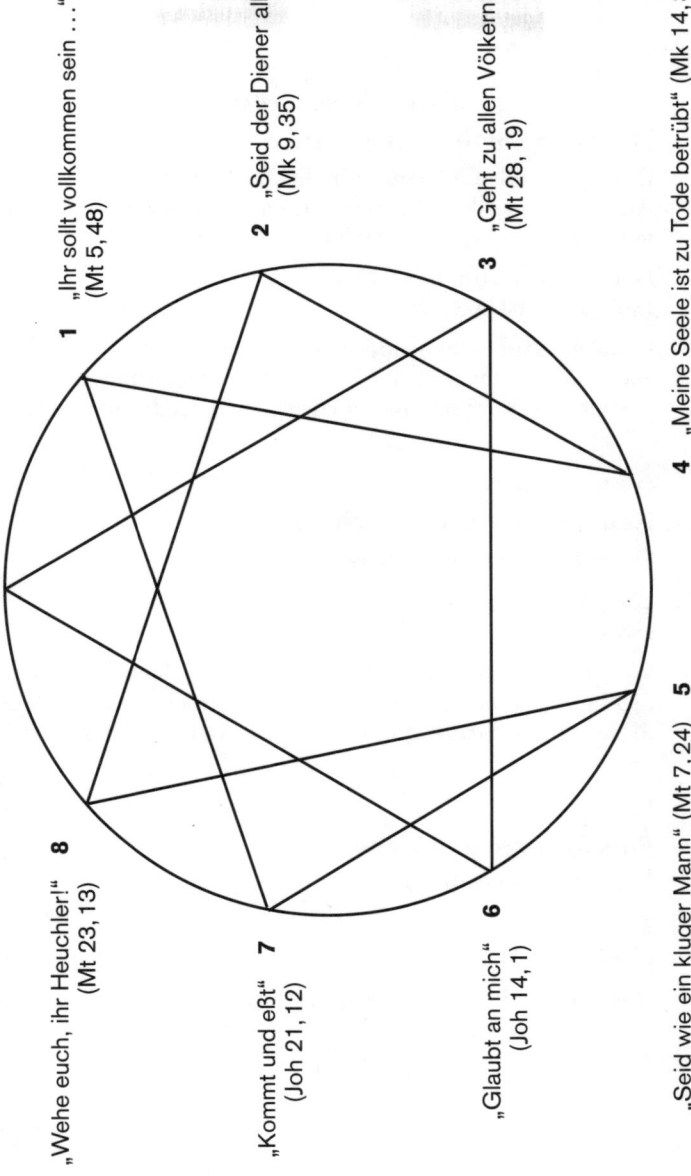

9 „Meinen Frieden gebe ich euch" (Joh 14, 27)

1 „Ihr sollt vollkommen sein ..."
(Mt 5, 48)

2 „Seid der Diener aller"
(Mk 9, 35)

3 „Geht zu allen Völkern ..."
(Mt 28, 19)

4 „Meine Seele ist zu Tode betrübt" (Mk 14, 34)

5 „Seid wie ein kluger Mann" (Mt 7, 24)

6 „Glaubt an mich"
(Joh 14, 1)

7 „Kommt und eßt"
(Joh 21, 12)

8 „Wehe euch, ihr Heuchler!"
(Mt 23, 13)

Bücher zum Enneagramm

Maria Beesing/Robert J. Nogosek/Patrick H. O'Leary
Das wahre Selbst entdecken
Eine spirituelle Einführung in das Enneagramm
Aus dem Amerikanischen übertragen und mit einem Nachwort
versehen von Anneliese Heine

Herder/Spektrum Band 4347
ISBN 3-451-04347-5

Ein gleichsam tiefgehendes wie auch praktisches Buch, das die
Seelenkunde der östlichen Weisheitsüberlieferungen in
fruchtbaren Kontakt mit der christlichen Tradition bringt.

Suzanne Zuercher
Neun Wege zur Ganzheit
Die Spiritualität des Enneagramm

224 Seiten, Paperback
ISBN 3-451-22798-3

Wer sich mit dem Enneagramm beschäftigt, kann an diesem Titel
nicht vorbeigehen. Das Enneagramm wird hier zum Leitfaden für
die spirituelle Suche auf dem Weg zur Individualität.

Barbara Metz
Enneagramm und Gebet
Sich selbst vor Gott erkennen

2. Auflage, 176 Seiten, Paperback
ISBN 3-451-23339-8

Dieses Buch führt das Enneagramm im christlichen Kontext einen
entscheidenden Schritt weiter. Eine moderne, praktische
Anleitung zum Beten persönlichkeitsgerechter Spiritualität.

Herder Freiburg · Basel · Wien